BLB

Gerd Mankel

Brief an die Kolosser und an Philemon

anschaulich, verständlich, lebensnah

Lektorat: Burkhard Meißner
Satz: Breklumer Print-Service, www.breklumer-print-service.com
Umschlaggestaltung: Luba Siemens
Umschlagfoto:
© HarveyMade – Lightstock.com
© pemaphoto – Lightstock.com
Druck: F. u. W. Brockhaus GmbH & Co. KG, Dillenburg

ISBN: 978-3-95568-366-5

www.bibellesebund.net

Inhalt

Liebe Leserin, lieber Leser,

die Fragen und Antworten, um die es im Kolosserbrief geht, sind für einen fast 2 000 Jahre alten Brief erstaunlich aktuell, da die Welt, in der die Christen damals lebten, unserer ähnelt. Sie war multireligiös und jeder ließ jeden gelten, solange niemand – wie die Christen – behauptete, er allein habe recht. Kommt Ihnen bekannt vor? Genau! Die zweite große Geistesströmung war die Philosophie. Setzen wir dafür Wissenschaft ein, sind wir wieder mitten in unserer Zeit, in der von vielen jeglicher Glaube als unwissenschaftlich und damit irrational abgetan wird und umgekehrt für viele wissenschaftliche Erkenntnisse über allem stehen.

Beide Strömungen sickerten langsam in die Gemeinde ein und zogen diese weg von Jesus. Paulus reagierte darauf, indem er Christus groß machte! Denn er wusste, dass der beste Schutz gegen einsickernde Irrlehre die Imprägnierung durch den großen Christus ist. Das habe ich von Paulus gelernt, als ich den Kolosserbrief in der Gemeinde gepredigt habe. Und ich wünsche auch Ihnen beim Durcharbeiten dieses Briefs, dass Ihnen Christus so groß wird, dass alles andere dagegen klein und bedeutungslos wird.

Der zweite Brief in diesem Heft ist der Brief an den in Kolossä lebenden Christen Philemon, mit dem wir einen Blick ins Herz von Paulus werfen. Er behandelt keine großen theologischen Fragen, sondern verwendet sich für den Philemon entlaufenen Sklaven Onesimus, der durch Paulus zum Glauben gekommen war. Wir erleben den Apostel also hier als Seelsorger, wie er Christen dabei hilft, das Evangelium von Jesus in ihrem Alltag ganz konkret liebevoll zu leben. Lassen Sie sich davon anstecken!

Gerd Mankel

Der Auslegung und den Fragen liegt die Elberfelder Bibel zugrunde, weil sie dabei hilft, möglichst genau zu erfassen, was die Bibel in den Ursprachen aussagen will.

Der Brief an die Kolosser

Paulus sitzt im Gefängnis (4,18), als ihm sein Mitarbeiter Epaphras von der Gemeinde in Kolossä berichtet, die dieser möglicherweise (vielleicht im Auftrag von Paulus) gegründet hat (1,7). Kolossä war eine kleine Stadt in der heutigen Westtürkei, rund 200 Kilometer von Ephesus entfernt. Das, was Paulus da hört, beunruhigt ihn so sehr, dass er aus Sorge um die Gemeinde einen Brief schreibt, auch wenn er die Gemeinde gar nicht persönlich kennt.

Was ihn so besorgt, sind Irrlehrer, deren Einfluss in der Gemeinde zu wachsen beginnt. Was genau sie lehren, können wir nur aus dem erschließen, was Paulus darauf antwortet. Es geht darum, bestimmte (jüdische) Feiertage und Feste sowie Speisevorschriften zu beachten (2,16.21). Sie fordern zur Askese auf (2,20-21) und dazu, *Weltelemente* (2,8) und *Engel*mächte (2,18) zu verehren. All das kennzeichnet Paulus als *Philosophie und leeren Betrug* (2,8); es gehört jedenfalls nicht zu dem Evangelium, das die Kolosser gehört und worauf sie ihr Leben gegründet haben.
Weil hier Randdinge ins Zentrum gerückt werden und damit automatisch Christus aus der Mitte verdrängt wird, greift Paulus durch seinen Brief energisch ein. Vor allem die Verehrung von Engelmächten, aus Angst vor deren vermeintlicher Macht, ist ein Rückfall in tiefstes Heidentum und krassen Aberglauben.
Auch wenn Paulus gegen die Irrlehre Stellung bezieht, geht er doch nicht groß auf sie ein, sondern wählt einen ganz anderen Weg: Er macht den Kolossern Christus groß. Denn wer Christus in seinem Herzen hat, in dem *die Fülle der Gottheit leibhaftig wohnt* (2,9), der ist damit imprägniert gegen alle Einflüsterungen der falschen Lehre, so verlockend diese auch klingen mögen. Denn er würde ja immer etwas Schlechteres bekommen als das, was er in Christus schon hätte.

Im zweiten Briefteil (Kapitel 3–4) beschreibt Paulus dann die praktischen Konsequenzen für das Leben als Christ, die sich aus dem Bekenntnis zu Jesus als dem Herrn ergeben. Wer *aus der Macht der Finsternis* herausgerettet und in das *Reich des Sohnes versetzt* worden ist (1,13-14), hat damit nicht nur die Erlösung und die Vergebung der Sünden (1,14), sondern der kann und soll auch das Alte ablegen, zum Beispiel *Zorn, Wut, Bosheit, Lästerung* oder *schändliches Reden* (3,8). Damit er dann nicht nackt ist, ist es nötig, die von Gott bereit

gelegten neuen Kleider anzulegen, zum Beispiel *herzliches Erbarmen, Güte, Demut, Milde und Langmut* (3,12).
Damit das alles nicht nur schöne Theorie bleibt, buchstabiert Paulus in der sogenannten „Haustafel" in Kapitel 3,18–4,1 durch, was es bedeutet, *würdig dem Herrn zu wandeln zu allem Wohlgefallen, fruchtbringend in jedem guten Werk* (1,10), wenn man Ehemann oder Ehefrau, Vater oder Kind, Sklavenhalter oder Sklave (die damals mit zum „Haus" gehörten) ist. Denn wenn das Reden vom neuen Herz nicht nur frommes Geschwätz sein soll, muss es sich zuerst im Alltag von Familie und Beruf bewähren.

Am Schluss staunt man über die vielen Grüße, die Paulus mit der Gemeinde austauscht, obwohl er noch gar nicht in Kolossä gewesen ist. Ein Zeichen dafür, dass damals viele Menschen mobil waren, die Paulus aus anderen Zusammenhängen und von anderen Orten kannte. Und bleibender Ausdruck davon, dass Christen als Mitglieder der Familie Gottes zusammengehören, auch wenn sie räumlich getrennt sind. Paulus wäre sicher von den Möglichkeiten moderner Kommunikation wie Mobiltelefon oder E-Mail begeistert gewesen.

Apostelpost

Kolosser 1,1-2

Erklärungen zum Text

Antike Briefe hatten keinen Umschlag, auf dem der Absender stand. Daher stellte man sich zu Beginn kurz seinen Lesern vor. Paulus nennt sich dabei betont *Apostel Christi Jesu*, weil er nicht privat schreibt, sondern als von Gott berufener Apostel. Damit macht er klar, dass er Verantwortung für die ihm anvertrauten Gemeinden trägt, auch wenn er sie, wie die Gemeinde in Kolossä, nicht selbst gegründet hat. Darum erwartet er, dass sein Brief bei den Christen in Kolossä Gehör findet, als ob Jesus selbst zu ihnen sprechen würde.
Und doch schreibt Paulus nicht von oben herab als Chef der Gemeinde, sondern genauso wie Timotheus ist er *Bruder* der Christen in Kolossä, die wiederum untereinander und im Blick auf Paulus „Geschwister" sind, denn in den „Brüdern" sind die Schwestern inbegriffen.
Als solche Geschwister sind die Christen in Kolossä *heilig*, was hier einfach meint, dass sie zu Gott gehören. Und sie sind *gläubig*, was ihre vertrauensvolle Beziehung zu Jesus bzw. Gott betont. Denn „glauben" meint in der Bibel vor allem, dass sich jemand Gott bzw. Jesus anvertraut hat und nun mit ihm lebt.
Wenn Paulus Gott hier *unseren* Vater nennt, betont er, dass man nicht einsam und allein Christ ist (vgl. das Vater*unser* in Matthäus 6,9-13, das ein Gebet im Plural ist), sondern von Gott in die Gemeinschaft der Gemeinde hineinberufen wird. Gott ist dabei zwar der Schöpfer jedes Menschen, jedoch nur der Vater derer, die durch Jesus zu seinen Kindern geworden sind (vgl. Joh 1,12). Also sind nicht alle Menschen Gottes Kinder, sondern nur die, die an Jesus glauben.

Fragen zum Text

1. Wie bezeichnet Paulus die Christen in Kolossä?
2. Was spricht er ihnen von Gott aus zu?

Übertragung ins Leben

Wenn wir uns heutzutage begrüßen, sagen wir in der Regel nur „Hallo", oder wenn es etwas förmlicher zugeht, auch „Guten

Morgen (Tag, Abend)". Oft nicken wir einander auch nur kurz zu oder machen ein Zeichen mit der Hand. Ähnlich ist es, wenn wir einander schreiben. Die Briefeingänge im Neuen Testament sind da sehr viel reicher. Wir könnten doch das nächste Mal, wenn wir einen Mitchristen treffen, ihm wie Paulus ganz bewusst Gottes Gnade und Frieden zusprechen und ihn damit daran erinnern, dass Gott da ist. Oder ihn ganz bewusst als Bruder oder Schwester ansprechen, auch wenn uns das zunächst komisch vorkommen sollte, und damit hervorheben, wie gut es ist, dass wir einen gemeinsamen Vater im Himmel haben.

Gesprächsimpulse

1. Jemand hat einmal gesagt, ein Christ könne nicht weniger Glaubensgeschwister haben als Gott Kinder hat. Wie geht es Ihnen mit diesem Satz?
2. Welche Rolle spielt Gottes Gnade in Ihrem Leben?
3. Wie können Sie die selbst erfahrene Gnade Gottes an andere weitergeben, wie also zu einem gnädigen Menschen (und Christen!) werden?
4. Wie, wo und wann erleben Sie Gottes Frieden?
5. Wo können Sie Frieden nicht nur wünschen, sondern als Friedenstifter aktiv werden (vgl. Matthäus 5,9)?

Eigene Gedanken

Wie gut, dass es die Gemeinde gibt

Kolosser 1,3-8

Erklärungen zum Text

Paulus kennt die Kolosser nicht persönlich, hat aber viel Gutes von ihnen gehört. Dafür dankt er Gott immer wieder in seinen Gebeten, denn er weiß, dass es nicht selbstverständlich ist, dass Christen wachsen und reifen.
Konkret ist er erstens dafür dankbar, dass die Kolosser zum Glauben erweckt worden sind. Das ist alles andere als selbstverständlich, sondern ein Wunder, gewirkt durch Gottes Geist an den Herzen von Menschen, die geistlich tot waren (Kolosser 2,13), sich nun aber ganz ihrem Herrn und Retter Jesus anvertraut haben.
Den zweiten Grund zum Danken findet Paulus darin, dass die Kolosser zur Liebe entzündet wurden. Diese Liebe finden wir nicht in uns selbst, sondern sie wird durch den Heiligen Geist in unsere Herzen ausgegossen (Römer 5,5).
Und drittens sind die Kolosser zur Hoffnung befreit worden. Diese Hoffnung ist jetzt die Antriebskraft für ihr Leben, denn sie wissen, dass sie eines Tages bei Gott sein werden. Das befreit sie dazu, sich in diesem Leben ganz für Gott einzusetzen.
Gott tut das Entscheidende, doch er tut es in der Regel, indem er Menschen gebraucht. Wie den Epaphras, der nicht nur das Evangelium gepredigt, sondern den Kolossern vorgelebt hat, was es heißt, als Christ zu leben. So hat er das Evangelium in Wort und Tat weitergegeben.

Fragen zum Text

1. Wer ist „wir“ in Vers 3? Kleiner Tipp: Die Antwort findet sich in den Versen vorher.
2. Was hebt Paulus positiv an der Gemeinde hervor?

Übertragung ins Leben

Viele Christen sind mit ihrer Gemeinde unzufrieden (sofern sie überhaupt eine haben und nicht versuchen, ihren Glauben allein zu leben). Und natürlich findet sich überall auch Grund zur Kritik, da

Gemeinden aus gerechtfertigten Sündern bestehen, die eben noch nicht frei von Sünde sind. Paulus will uns den Blick für das Geschenk der Gemeinde öffnen. Dass wir Brüder und Schwestern im Glauben haben, dass wir mit ihnen unser Leben teilen können, dass sie uns beistehen in der Not, dass wir mit- und füreinander beten können, dass ... (Ihnen fällt bestimmt noch mehr ein!): Das alles ist ein Wunder, das uns mit Dankbarkeit erfüllen sollte. Denn der seltsamste Christ (und die gibt es weiß Gott!) steht uns näher als der netteste Atheist (die es natürlich auch gibt). Es ist gut, wenn wir uns das ab und zu mal sagen lassen.

Gesprächsimpulse

1. Was finden Sie an Ihrer Gemeinde gut? Notieren Sie es und tauschen Sie sich anschließend darüber aus.
2. Woran können Ihre nichtchristlichen Angehörigen, Freunde, Nachbarn oder Arbeitskollegen erkennen, dass Sie an Jesus glauben?
3. Wie können Sie Ihre Liebe zu anderen Christen in der nächsten Woche konkret ausdrücken? Wer wartet auf einen Besuch, einen Anruf oder Brief?
4. Sind Sie schon einmal nach Ihrer Hoffnung gefragt worden (vgl. 1. Petrus 3,15)? Woran könnte es liegen, falls Sie das noch nie gefragt wurden?
5. Was können Christen, die noch jung im Glauben sind, von Ihnen lernen?

Eigene Gedanken

„Ich bete für euch“

Kolosser 1,9-14

Erklärungen zum Text

Paulus erwähnt so oft, dass er für andere betet, dass man sich unwillkürlich fragt, woher er die Zeit dafür nahm. Vielleicht betete er auf seinen Reisen oder bei seiner eher eintönigen Arbeit als Zeltmacher? Und ja, auch im Gefängnis hatte er viel Zeit, die er sicher auch zur Fürbitte nutzte. Paulus betet nicht für die alltäglichen Nöte, die die Kolosser gewiss auch hatten, sondern für ihr geistliches Wachstum und ihre geistliche Gesundheit. Zum Beispiel darum, dass sie *mit der Erkenntnis von Gottes Willen erfüllt werden in aller Weisheit und geistlichem Verständnis* (9). Sie sollen also immer wissen, was in ihrem Leben gerade von Gott aus dran ist.
Paulus betet für die Kolosser, weil er weiß, dass auf diese Weise Gottes Kraft ins Leben der Christen kommt (11). Diese Kraft zeigt sich dann in dem langen Atem, den sie brauchen, um auszuharren, wenn es eng wird. Diese Kraft Gottes in ihnen befähigt sie auch dazu, ein fruchtbares Leben für Gott zu führen *in jedem guten Werk* (10) und auf diese Weise Gott zu verherrlichen. Und so kommt Dankbarkeit für all das ins Leben der Kolosser, was Gott ihnen reichlich geschenkt hat. Kraftlose Christen sind ein schlechtes Zeugnis für ihren Herrn, denn Gottes Kraft steht dem Gläubigen zur Verfügung. Die Frage ist nur, ob er diese Kraft in sich zur Entfaltung kommen lässt.
Wenn jemand Christ wird, versetzt Gott ihn in einen anderen Herrschaftsbereich. Er untersteht nicht länger der *Macht der Finsternis*, also Satan, sondern lebt unter der guten Herrschaft von Jesus (vgl. Apostelgeschichte 26,18). Das zeigt sich in einem veränderten Lebenswandel.

Fragen zum Text

1. Seit wann betet Paulus für die Christen in Kolossä?
2. Was hat Gott getan, als er die Kolosser „gerettet“ hat?
3. Was alles schenkt Gott ihnen durch Jesus?

Übertragung ins Leben

Wie beten wir füreinander in der Gemeinde oder in der Kleingruppe? Im Vordergrund stehen dabei wohl äußere Nöte wie zum Beispiel Stress am Arbeitsplatz, Probleme mit der Gesundheit oder in Beziehungen. Das alles darf natürlich Inhalt unserer Gebete sein, denn Jesus lehrt uns im Vaterunser ja auch, für das tägliche Brot zu beten. Doch wie es im Vaterunser vor allem um Gott geht, betet Paulus vor allem um geistliche Belange. Eine entsprechende Liste finden Sie auf den folgenden Seiten. Die Aufzählung kann Ihnen helfen, den Reichtum des Dank- und Fürbittegebets (neu) zu entdecken. Ich habe jedenfalls manche Anregung für mein eigenes Gebet gefunden.

Gesprächsimpulse

1. Wie oft beten Sie für andere aus der Gemeinde? Welche Erfahrungen haben Sie damit gemacht?
2. Viele Missionswerke informieren regelmäßig durch Gebetsbriefe über ihre Anliegen. Wäre das auch etwas für Ihre Gemeinde oder Ihre Kleingruppe?
3. Wie erfüllt sind Sie mit der „Erkenntnis des Willens Gottes" (9)? Wie können Sie an dieser Stelle wachsen? Welche Rolle spielt dabei die Bibel? Welche der Austausch in der Kleingruppe?
4. Wie zeigt sich in Ihrem Leben, dass Sie als Christ im Herrschaftsbereich von Jesus leben? Wo sind Sie aber auch noch Gefangener Ihres früheren Lebens ohne Jesus?

Eigene Gedanken

Mit Paulus beten lernen

Nicht nur im Kolosserbrief bekommen wir Einblick in die Gebete von Paulus, sondern auch in anderen Briefen. Wofür dankt Paulus? Um was bittet er für sich, um was für die Gemeinden? Folgende Übersicht kann als Anregung für das eigene Gebet dienen.

Wofür Paulus dankt

- Dafür, dass man in aller Welt vom Glauben der Christen in Rom spricht (Römer 1,8).
- Für die Gnade Gottes, die die Korinther in Jesus geschenkt bekommen haben (1. Korinther 1,4).
- Dafür, dass die Korinther in Jesus im Wort und in der Erkenntnis Gottes reich geworden sind (1. Korinther 1,5).
- Dafür, dass die Verkündigung von Jesus den Korinthern festen Grund unter die Füße gegeben hat (1. Korinther 1,6).
- Dafür, dass sich die Philipper von Anfang an für das Evangelium eingesetzt haben (Philipper 1,5).
- Für den Glauben, die Liebe und die Hoffnung, die die Christen in Kolossä haben (Kolosser 1,4-5; vgl. 1. Thessalonicher 1,3; 2. Thessalonicher 1,3; Philemon 4-5).
- Dafür, dass die Thessalonicher die Verkündigung des Evangeliums als Gottes Wort aufgenommen und nicht als bloßes Menschenwort abgetan haben (1. Thessalonicher 2,13).
- Für die Freude, die Paulus durch die Thessalonicher vor Gott hat (1. Thessalonicher 3,9).
- Für die Erwählung der Thessalonicher, die sich darin zeigt, dass der Heilige Geist ihr Leben bestimmt und sie heilig macht und dass sie an die Wahrheit glauben (2. Thessalonicher 2,13).

Worum Paulus für sich bittet

- Dass er die Christen in Rom besuchen kann, um durch sie gestärkt zu werden (Römer 1,10; 15,32).
- Dass er vor denen gerettet wird, die ihm ans Leben wollen (Römer 15,31; vgl. 2. Thessalonicher 3,1).
- Dass sein Dienst von den Christen in Jerusalem angenommen wird (Römer 15,31).
- Dass Jesus ihm seinen „Dorn im Fleisch“ (wohl eine Krankheit) nimmt (2. Korinther 12,8).
- Dass Gott ihm und seinen Mitarbeitern eine offene Tür für die Verkündigung des Geheimnisses von Christus schenkt (Kolosser 4,3; vgl. 2. Thessalonicher 3,1).
- Dass er nach Thessalonich reisen kann, um die Christen dort im Glauben zu stärken (1. Thessalonicher 3,10).

Worum Paulus für andere bittet

- Dass die Korinther nichts Böses tun, sondern das Gute (2. Korinther 13,7).
- Dass die Korinther vervollkommnet werden (2. Korinther 13,9).
- Dass die Epheser sich nicht durch die Leiden von Paulus entmutigen lassen (Epheser 3,13).
- Dass die Epheser durch den Heiligen Geist innerlich mit Kraft gestärkt werden (Epheser 3,16).
- Dass Christus durch den Glauben in den Herzen der Epheser lebt und sie in der Liebe gewurzelt und gegründet sind, damit sie imstande sind, mit allen Heiligen völlig zu erfassen, was die Breite und Länge und Höhe und Tiefe ist, und zu erkennen die die Erkenntnis übersteigende Liebe des Christus, damit sie erfüllt werden zur ganzen Fülle Gottes (Epheser 3,17-19).
- Dass die Liebe der Philipper überfließt vor Erkenntnis und Einsicht, damit sie prüfen, worauf es ankommt und lauter und unanstößig sind auf den Tag Christi hin, erfüllt mit der Frucht der Gerechtigkeit, die durch Jesus Christus gewirkt wird, zur Herrlichkeit und zum Lobpreis Gottes (Philipper 1,9-11).
- Dass die Kolosser Gottes Willen immer besser erkennen und so Weisheit und geistliches Verständnis bekommen, damit sie so leben, wie es ihrem Herrn entspricht und Frucht bringen (Kolosser 1,9-10).
- Dafür, dass Gott die Thessalonicher ihrer Berufung für würdig erachtet und an ihnen das Werk des Glaubens in ihrem Leben kraftvoll vollendet (2. Thessalonicher 1,11).

Wofür Paulus Gebet einfordert (und wohl selbst dann auch dafür gebetet hat)

- Für alle Menschen, für Könige und alle, die regieren (1. Timotheus 2,1-2).
- Dankbarkeit für Speisen – Tischgebet (1. Timotheus 4,3-5).

Das Bild des unsichtbaren Gottes

Kolosser 1,15-20

Erklärungen zum Text

Lieder, die Jesus besingen, gab es schon in neutestamentlicher Zeit (zum Beispiel Philipper 2,6-11). Paulus baut hier ein solches Loblied auf Jesus ein, um den Kolossern den großen Jesus vor Augen zu malen, denn er weiß, dass dies der beste Schutz gegen die Irrlehrer ist, die Jesus kleingemacht haben.
Gott ist unsichtbar und niemand hat ihn jemals gesehen (1. Johannes 4,12). Diese Unsichtbarkeit „macht uns kaputt“, wie Dietrich Bonhoeffer einmal klagte.
Und doch kann man Gott sehen, nämlich in Jesus. Er selbst sagte es so (Johannes 14,9): „Wer mich gesehen hat, hat den Vater gesehen“. Wenn wir also wissen wollen, wie Gott aussieht, müssen wir auf Jesus sehen. Und umgekehrt gilt, dass jedes Bild, das wir uns von Gott machen, an Jesus „geeicht“ werden muss.
Jesus ist Chef dieser Welt. Das meint Paulus, wenn er schreibt, dass Jesus der *Erstgeborene aller Schöpfung* ist. Er war auch gemeinsam mit dem Vater und dem Heiligen Geist an der Schöpfung beteiligt, was der Schöpfungsbericht andeutet, wenn Gott sagt: „Lasst uns Menschen machen“ (1. Mose 1,26).
Jesus ist das *Haupt* der Gemeinde, was nicht nur heißt, dass er über die Gemeinde bestimmt, sondern auch, dass er sie liebt, versorgt und schützt. Im Gegenzug vertraut und gehorcht die Gemeinde ihm.
Dass Gott durch Jesus *alles mit sich zu versöhnt* hat, wird von manchen so gedeutet, dass am Ende alle Menschen in den Himmel kommen. Doch wird die Versöhnung nur für den wirksam, der sich auch versöhnen lässt (2. Korinther 5,20)! Die Lehre von der Allversöhnung widerspricht der Bibel, die klar den „doppelten Ausgang“ lehrt (zum Beispiel in Daniel 12,2).

Fragen zum Text

1. Welche Aussagen außer den oben beschriebenen finden Sie noch über Jesus?
2. Was hat es Jesus gekostet, uns mit Gott zu versöhnen?

Übertragung ins Leben

Wie ehren wir Jesus? Alte und neue Jesuslieder zu singen, kann hier eine Hilfe sein, da wir in die Worte anderer sozusagen „hineinschlüpfen“ und sie uns zu eigen machen können. Mich berührt besonders das Lied „Schönster Herr Jesus“. Welches Jesuslied spricht Sie besonders an? Wenn sie an dieser Stelle begabt sind, können Sie ja auch ein eigenen Jesuslied oder Jesusgedicht verfassen, das auf Kolosser 1,15-20 fußt.

Gesprächsimpulse

1. Wer ist Jesus für Sie? Wenn Sie nur ein Eigenschafts- und ein Hauptwort verwenden dürften (zum Beispiel „guter Freund“), welche wären das?
2. Was können Sie über Gott erfahren, wenn Sie sich mit Jesus beschäftigen? Welche Charaktereigenschaften Gottes treten durch das Leben von Jesus hell hervor?
3. Was bedeutet es für Sie, dass Jesus alles geschaffen hat und in der Hand hält? Für welche konkrete Notlage kann Sie das ermutigen?

Eigene Gedanken

Vorher – nachher

Kolosser 1,21-23

Erklärungen zum Text

Nachdem Paulus den Kolossern Jesus ganz groß gemacht hat (1,15-20), erinnert er sie daran, wie ihr Leben aussah, bevor sie Jesus kennengelernt haben. Da sündigten sie nicht nur ab und zu, sondern ihr ganzes Leben war gegen Gott gerichtet, und ihre sündigen Handlungen waren nur der Ausdruck ihrer dauerhaften Entfremdung von Gott und letztlich ihrer bösen Gesinnung.

Dass Gott durch Christus *alles mit sich versöhnt* hat (1,20) zielt darauf, dass jeder Mensch diese Versöhnung auch erlebt. Dazu wurde den Kolossern das Evangelium verkündigt und durch den Glauben an das, was sie gehört haben, ist die Versöhnung auch in ihrem Leben wirksam geworden.

Dass die Kolosser nun nicht mehr von Gott entfremdet sind, zeigt sich an ihrem veränderten Leben, das die direkte Frucht ihrer Versöhnung mit Gott ist. Jesus hat sie nicht nur erlöst, sondern auch geheiligt und so tadellos und unsträflich vor sich hingestellt. Paulus meint damit nicht, dass sie schon sündlos sind, sondern er hat das Endgericht im Blick, in dem Gott versöhnte Christen so ansehen wird, als ob sie Christus selbst wären, also tadellos und unsträflich.

Manche Christen lehren, dass ein wiedergeborener Christ nicht mehr verloren gehen kann. Verse wie Kolosser 1,23 betonen dagegen, dass man sich sehr wohl vom Glauben wieder abbringen lassen kann, wenn man nicht an Jesus im Glauben festhält (vgl. Matthäus 10,22; Hebräer 3,6). Dabei kommt es nicht auf den starken Glauben an, sondern darauf, dass wir einen starken Gott haben. Doch ohne Festhalten (oder zumindest Festhaltenwollen) geht es nicht. Im Himmel wird es einmal nur Freiwillige geben, wie es mal jemand formuliert hat.

Fragen zum Text

1. Wie beschreibt Paulus das Leben der Kolosser, bevor sie Christen wurden?
2. Was hat sich durch ihre Hinwendung zu Jesus verändert?
3. Wie beschreibt Paulus Glauben?

Übertragung ins Leben

Ich saß in einer Schulung für persönliche Evangelisation und wir sollten unser „Zeugnis" aufschreiben nach dem Schema „mein Leben ohne Jesus – meine Hinwendung zu Jesus – mein Leben mit Jesus". Ich war ratlos, denn da ich in den Glauben schon als Kind hineingewachsen bin, hatte ich kein „Leben ohne Jesus" und eigentlich auch keine Hinwendung zu Jesus im Sinn einer Bekehrung. Der Schulungsleiter kritisierte dann auch, dass dieser Teil bei mir fehlte. Wahrscheinlich hatte er selbst es anders erlebt. Doch Gottes Wege, wie er Menschen zu sich ruft, sind nun einmal unterschiedlich. Wichtig ist nicht der Weg zum Glauben, sondern dass man an Jesus glaubt.

Gesprächsimpulse

1. Erzählen Sie einander davon, wie Sie Christ geworden sind. (Falls Sie kein Christ sind: Warum eigentlich nicht?)
2. Was hat sich in Ihrem Leben geändert, seit Sie Christ sind?
4. Wie kann Ihr Glaube „gegründet und fest" werden? Welche Rolle spielen dabei Gebet und Bibellesen?
5. Haben Sie Heilsgewissheit? Worauf gründet sich die? Testfrage: Wenn Sie an der „Himmelstür" begründen sollten, warum man Sie hineinlassen soll, was würden Sie dann antworten?

Eigene Gedanken

Selbstloser Dienst

Kolosser 1,24-29

Erklärungen zum Text

Paulus sitzt wegen seines Einsatzes für das Evangelium im Gefängnis. Er ist darüber nicht verbittert, sondern freut sich sogar darüber, denn so darf er einen Teil der Leiden, die die Gemeinde als Leib von Christus treffen wird, stellvertretend für die Kolosser tragen.
Paulus hatte als Apostel (Kolosser 1,1) eine besondere Berufung, die wir nicht einfach auf uns übertragen können. Deshalb stehen seine Briefe im Neuen Testament und nicht meine. Das gibt seinen Briefen den Rang des Wortes Gottes, auf das wir hören müssen.
Gott hat im Evangelium ein Geheimnis offenbart, das man nicht durch Nachdenken herausbekommen kann. Der Inhalt dieses Geheimnisses: Auch die Heiden bekommen durch Jesus Anteil an der Herrlichkeit und haben damit Hoffnung auf das ewige Leben. Dieses jetzt gelüftete Geheimnis lässt Gott unter anderem durch Paulus öffentlich ausrufen.
Paulus war nicht nur Gemeindegründer, sondern er bemühte sich auch seelsorglich um die Gemeinden, damit die Christen wachsen und reifen und Jesus so immer ähnlicher werden. Dazu gehörte auch, dass er ermahnte, wenn es nötig war. Diesen Kampf um die Christen konnte Paulus bestehen, weil Gottes Kraft in ihm wirksam war.
Wenn Paulus schreibt, dass er *jeden Menschen vollkommen in Christus darstellen* (28) will, geht es nicht um Sündlosigkeit, sondern darum, dass Gott Christen durch die Augen von Jesus ansieht. Weil er ihre Schuld gesühnt hat, sind sie nun in seinen Augen „vollkommen".

Fragen zum Text

1. Wie viele Menschen will Paulus ermahnen und lehren?
2. Was schreibt Paulus darüber, wie er seinen Dienst ausübt?

Übertragung ins Leben

Als Kinder unserer Zeit stehen wir auch als Christen in der Gefahr, nur noch um uns selbst zu kreisen nach dem ironisch formulierten Gebet: „Ich, mich, meiner, mir – Herr, segne diese vier." Paulus war das fremd. Er sorgte sich nicht um sein Wohlergehen im Gefängnis, sondern um das geistliche Wohl seiner Mitchristen. Haben wir das noch im Blick? Interessieren wir uns zum Beispiel für die verfolgten Christen, die wie Paulus wegen ihres Glaubens in Gefängnissen sitzen? Oder reicht es uns, dass es uns gut geht?

Gesprächsimpulse

1. Wie würde es Ihnen damit gehen, wenn Sie wegen Ihres Glaubens verfolgt werden?
2. Informieren Sie sich über die Lage verfolgter Christen, zum Beispiel über „Open Doors" oder „Licht im Osten", und beten Sie regelmäßig für sie. Oder setzen Sie sich für den „Gefangenen des Monats" ein, der jeden Monat in *idea-spektrum* vorgestellt wird.
3. Wie sehr ist Ihr Leben von der „Hoffnung der Herrlichkeit" geprägt? Woran können das andere erkennen?
4. Wie geht es Ihnen, wenn Sie ermahnt werden?
5. Wie geht es Ihnen, wenn Sie andere ermahnen müssen?
6. Wo und wie erleben Sie die Kraft Gottes in Ihrem Leben?

Eigene Gedanken

Jesus allein genügt

Kolosser 2,1-5

Erklärungen zum Text

In fast allen Gemeinden, die in neutestamentlicher Zeit entstanden, gab es Schwierigkeiten, die schon bald nach der Gründung auftauchten. Paulus sah sich hier in einen geistlichen Kampf gegen die finsteren Mächte des Bösen hineingestellt, die die Gemeinden zerstören wollten (vgl. Epheser 6,10-20), und nahm diesen Kampf an und er nahm ihn ernst. Er führte ihn im Gebet, durch Briefe und – wenn es sich einrichten ließ – durch persönliche Besuche vor Ort.
Im Blick auf die Kolosser kämpfte er darum, dass die Irrlehrer, die dort an Einfluss gewonnen hatten, nicht die Oberhand gewannen. Noch hatten sie keinen Erfolg, die Gemeinde stand noch in fester Ordnung im Glauben, doch sah Paulus die Gefahr, dass ihre überredenden Worte (4) doch zum Erfolg führen könnten. Dagegen betonte er nochmals die überragende Rolle von Jesus, in dem *alle Schätze der Weisheit und Erkenntnis verborgen sind* (3). Das bedeutet natürlich nicht, dass es keine naturwissenschaftlichen Erkenntnisse abseits von Jesus gibt, sondern bezieht sich auf die elementaren Fragen nach dem Woher, Wohin und Wozu des Lebens. An dieser Stelle gilt, dass Gott sich nur in Jesus offenbart hat. In ihm allein ist das Heil zu finden. Er allein genügt. Wer ihn hat, hat alles, was er zum Leben und zum Sterben braucht!

Fragen zum Text

1. Welche Gemeinde nennt Paulus noch namentlich?
2. Wie beschreibt Paulus das Ziel des Kampfes für die Gemeinden?
3. Auf welche Weise ist Paulus bei den Kolossern?

Übertragung ins Leben

Ich höre viele Predigten und Vorträge im Internet und bin dankbar für die vielen guten Impulse, die ich dort bekomme und die mir vor der Erfindung des Internets gar nicht zugänglich gewesen wären. Doch finde ich dort auch vieles, was nicht gut ist, sogar massive Irrlehren, die verbreitet werden. Was mich dabei vor allem irritiert, ist die Tatsache, dass diese Irrlehrer ja meist Zuhörer haben, die ihnen an den Lippen hängen. Wie können wir uns dagegen schützen? Paulus gibt immer wieder dieselbe Antwort: Indem Christus in unseren Herzen so groß wird, dass dort nichts anderes mehr Platz hat.

Gesprächsimpulse

1. Wie geht es Ihnen, wenn Sie von Streit in anderen Gemeinden hören? Welche bessere Reaktion als Schadenfreude könnten Sie sich vorstellen?
2. Was gibt Ihnen Trost angesichts der zunehmenden Orientierungslosigkeit auch unter Christen?
3. Womit füttern Sie Geist und Seele? Welchen Anteil haben dabei „die Schätze der Weisheit und Erkenntnis in Christus"? Tipp: Ich habe in meiner Bibel alle Stellen außerhalb der Evangelien markiert, in denen von Jesus die Rede ist. So erkenne ich auf einen Blick, wo es etwas über ihn zu lernen gibt.
4. Wie fest ist Ihr Glaube? Woran erkennen Sie das?

Eigene Gedanken

Verwurzelt und gegründet

Kolosser 2,6-15

Erklärungen zum Text

Wie beim Hausbau ist auch im Glaubensleben das Fundament entscheidend. An dieses Fundament erinnert Paulus die Kolosser: Sie haben Jesus als ihren Herrn empfangen. In ihm sollen sie nun auch fest verwurzelt und auf ihm fest gebaut sein. Was die Irrlehrer dagegen als Fundament anbieten, ist nur menschliche Philosophie (*leerer Betrug*), die die großen Fragen „Was kann ich wissen? Was soll ich tun? Was darf ich hoffen? Was ist der Mensch?“ (nach Immanuel Kant) nicht beantworten kann, was die Philosophiegeschichte auch eindrücklich belegt.
Wie schon in Kapitel 1,15-20 malt Paulus den Christen in Kolossä Jesus groß vor Augen. In ihm wohnt Gottes ganze Fülle *leibhaftig*. Hier spricht Paulus das Geheimnis der Menschwerdung von Jesus an, der als Mensch zugleich ganz Gott ist. Je mehr die Kolosser in Jesus verwurzelt und auf ihn gegründet sind, desto mehr werden sie an Gottes Fülle teilhaben.
Paulus erinnert die Kolosser daran, dass sie mit Jesus in der Taufe begraben und mit ihm wieder auferweckt wurden. Dabei starb ihr „alter Mensch“ und sie bekamen neues Leben. Zugleich hatte Gott ihnen damit alle Sünde vergeben. Das Bild des Schuldscheins macht das sehr schön deutlich: Ich darf alles, was gegen mich spricht, ans Kreuz von Jesus heften. Er übernimmt damit die Strafe für das, was ich angerichtet habe, und so wird das, was wie der Triumph der finsteren Mächte aussah, zum Sieg über sie. Am Kreuz wurde die Macht der Sünde, des Teufels und des Todes gebrochen, indem Jesus sein Leben geopfert hat.

Fragen zum Text

1. Über wen ist Christus das Haupt?
2. Wie beschreibt Paulus den Zustand der Kolosser vor ihrer Bekehrung?
3. Was geschah durch Christus mit den „Mächten und Gewalten“?

Übertragung ins Leben

Wer ehrlich zu sich selbst ist, kann nicht darüber hinwegsehen, dass er immer wieder Dinge falsch macht. Das kann man ignorieren, abstreiten oder auf andere schieben. Doch so lässt sich die Sache mit der Schuld und der Sünde nicht lösen. Wir können uns auch nicht selbst entschuldigen, wie wir das oft so dahinsagen, sondern sind darauf angewiesen, dass uns jemand entschuldet, also unsere Schuld wegnimmt. Wie gut tut es da, dass wir mit aller Schuld und Sünde immer wieder zu Gott kommen dürfen. Jeden einzelnen Schuldschein dürfen wir ans Kreuz heften und so Tag für Tag neu beginnen. Ich persönlich bete jeden Morgen bewusst darum, dass Gott mir meine Schuld zeigt und vergibt. Ich kann mir keinen besseren Start in den Tag denken.

Gesprächsimpulse

1. Was trägt dazu bei, dass Sie tief und fest in Jesus verwurzelt sind?
2. Woran erkennt man, dass Sie den „alten Menschen“ ausgezogen und den neuen angezogen haben?
3. Wofür sind Sie dankbar? Tragen Sie mindestens zehn Dinge zusammen!
4. Was bedeutet Jesus für Sie? Was würde Ihnen ohne ihn fehlen?

Eigene Gedanken

Paulus und die griechische Philosophie

Paulus warnte die Christen in Kolossä davor, dass „niemand euch einfange durch die Philosophie und leeren Betrug nach der Überlieferung der Menschen ... und nicht Christus gemäß!" Hielt er also alle Philosophie für unvereinbar mit dem Glauben an Jesus, weil sie „leerer Betrug" sei? Und was meinte er überhaupt mit „Philosophie"?
Das griechische Wort bedeutet „Liebe zur Weisheit". Philosophen sind Menschen, die nicht nur einfach vor sich hinleben, sondern über das Leben nachdenken. Jostein Gaarder schreibt (in „Sofies Welt"): „Das einzige, was wir brauchen, um gute Philosophen zu werden, ist die Fähigkeit, uns zu wundern." Und weiter: „Die beste Herangehensweise an die Philosophie ist es, philosophische Fragen zu stellen: Wie wurde die Welt erschaffen? Liegt hinter dem, was geschieht, ein Wille oder ein Sinn? Gibt es ein Leben nach dem Tod? Wie sollen wir überhaupt die Antwort auf solche Fragen finden? Und vor allem: Wie sollten wir leben?"

In Griechenland begannen die ersten im 6. Jahrhundert v. Chr. solche Fragen zu stellen. Sie beobachteten die Natur, wunderten sich, wie zum Beispiel aus einem Ei ein Huhn werden konnte, und fragten: Gibt es einen „Urstoff" (Wasser? Luft?), aus dem alles andere gemacht ist? Was ist das Wesen und der Ursprung des Geschaffenen? Da sie nach natürlichen Ursachen hinter den Naturphänomenen suchten, stellten sie damit auch die religiösen Mythen über die Entstehung der Welt infrage, was ihnen hier und da den Vorwurf einbrachte, Atheisten zu sein.

Mit Sokrates begann im 5. Jahrhundert v. Chr. eine neue Phase des „Wunderns und Fragens". Er lief durch seine Heimatstadt Athen und ging den Menschen mit seinen Fragen auf die Nerven. Denn er war davon überzeugt, dass jeder die Antworten auf die großen Fragen schon in sich trug und man durch gezieltes Fragen diese verborgene Erkenntnis hervorholen könne. Selbst befragt, sagte er oft: „Ich weiß, dass ich nichts weiß." Sein Ziel war dabei nicht nur intellektuelles Erkennen, sondern aus der Selbsterkenntnis sollte das sittlich gute Leben erwachsen, das er selbst auch vorbildlich führte.
Nach Sokrates kam sein Schüler Plato. Sein Fragen galt der Beziehung zwischen dem, was auf der einen Seite ewig und unveränderlich ist („die Welt der Ideen") und dem, was auf der anderen Seite

„fließt“, also der wahrnehmbaren Welt. Daneben fragte er nach dem idealen Staat und dessen Führung und ob der Mensch eine unsterbliche Seele habe. (Seine Antwort: Ja, er hat eine.)

Der dritte große Philosoph jener Zeit ist Aristoteles, der Lehrer von Alexander dem Großen und spätere Schüler Platons. Auch er fragte danach, was die Welt bewegt, also in Gang hält. Muss es nicht hinter allem einen geben, den „ersten Bewegenden“? Und muss dieser „Beweger“ nicht vollkommen sein? Daneben begründete er die Logik als eigene Wissensdisziplin, die lehrte, wie man denken muss.

Etwa 200 Jahre später machten Epikur und Zenon von sich reden, die beide gegensätzlicher nicht sein könnten. Für Epikur bestand der Sinn des Lebens darin, glücklich zu werden. Um Lust zu empfinden galt es, alles zu meiden, was mit Schmerz zu tun habe. Zenon dagegen sah in der Pflichterfüllung den Sinn des Lebens. Nach der Säulenhalle, in der man sich traf, nannte man diese Denkrichtung fortan „Stoa“, ihre Vertreter „Stoiker“. Paulus diskutierte mit Anhängern dieser beiden damals populären Philosophien in Athen (Apostelgeschichte 17,18). Dabei können wir davon ausgehen, dass Paulus Grundkenntnisse in der Geschichte der Philosophie hatte, da er bekannte Philosophen in seiner Rede zitiert (Apostelgeschichte 17,28).

Doch warum ist Philosophie für Paulus „leerer Betrug“? Weil Philosophen zwar richtige Fragen stellen, doch nicht die richtigen Antworten geben, sie auch gar nicht geben können. Denn dazu brauchte es die Offenbarung der wahren Weisheit durch Gott selbst. Und die Fülle göttlicher Weisheit findet sich nur in Jesus, in dem „verborgen liegen alle Schätze der Weisheit und Erkenntnis“ (Kolosser 2,3). Darum gilt: „Wir zerstören überspitzte Gedankengebäude und jede Höhe, die sich gegen die Erkenntnis Gottes erhebt, und nehmen jeden Gedanken gefangen unter den Gehorsam Christi“ (2. Korinther 10,5).

Frei sein und frei bleiben

Kolosser 2,16-23

Erklärungen zum Text

Falsche Lehre führt zu falschem Leben. Die Wahrheit dieses Satzes bestätigte sich in Kolossä, wo die Irrlehrer lehrten, dass es wichtig sei, asketisch zu leben und auf (Engel-)Mächte Rücksicht zu nehmen. Da damals viele Menschen diese Mächte fürchteten, führte das direkt zurück in Angst und zu furchtsamem Vermeiden von Dingen, die diese Mächte verärgern könnten. Ein Beispiel auch für die Wahrheit, dass der Aberglaube zum Fenster hereinsteigt, wo der Glaube durch die Tür vertrieben wurde.
Dagegen betont Paulus die Freiheit, die Christus gebracht hat. Er hat alle Mächte am Kreuz besiegt und bloßgestellt. Darum ist der Christ in Abhängigkeit von Jesus ein freier Mensch! Frei auch von der strengen Einhaltung der Arbeitsruhe am Sonntag, wie manche Ausleger aufgrund von Vers 16 meinen? Ich meine ja, denn schon Jesus wies darauf hin, dass der Sabbat für den Menschen gemacht wurde und nicht der Mensch für den Sabbat (Markus 2,27). Was aber nichts daran ändert, dass es uns guttut, einen Tag in der Woche zur Ruhe zu kommen und besonders Zeit für Gott zu haben.
Immer dann, wenn nicht mehr Christus in der Mitte ist, sondern menschliche Regeln und Gebote, wächst die Gefahr, dass diese Regeln wichtiger werden als Jesus selbst und nach und nach als Ergänzungen zum Glauben Überhand gewinnen. Dann heißt es nicht mehr „Christus allein“, sondern zum Beispiel „Christus *und* regelmäßiger Gottesdienstbesuch“ oder „Christus *und* ordentlich Geld spenden.“ Das ist alles nicht falsch, doch rettet uns das nicht, sondern allein das Opfer von Jesus am Kreuz für unsere Sünde.

Fragen zum Text

1. Wegen was versuchten die Irrlehrer den Kolossern ein schlechtes Gewissen zu machen?
2. Welche Funktion erfüllt Christus als das Haupt für den Leib, also die Gemeinde?

Übertragung ins Leben

Ich sprach mal als Pastor mit einem Brautpaar über die bevorstehende Hochzeit. Dabei erfuhr ich, dass beide Mütter gesagt hatten, der Bräutigam dürfe das Brautkleid vor der Hochzeit nicht sehen, denn das bringe Unglück. Da beide Mütter tiefgläubige Frauen waren, war ich doch einigermaßen erstaunt. Ähnlich verblüfft mich, wenn man jemandem nicht zum Geburtstag gratuliert, weil auch das Unglück bringe. Oft sagen mir Christen (!) auch, dass etwas „in den Sternen stehe". Echt jetzt, in den Sternen? Ich dachte bisher, dass Gott unser Leben bestimmt und nicht die Sterne. Ob der Aberglaube vielleicht doch tiefer in manchem steckt, als er selbst weiß? Beobachten Sie sich doch mal selbst, ob es noch solche Reste von Aberglauben in Ihrem Leben gibt und schaffen Sie diese hinaus aus Ihrem Leben. Denn Christus hat uns frei gemacht von all dem!

Gesprächsimpulse

1. Wie halten Sie es mit der Sonntagsheiligung? Ist sie für Sie Einladung zur Freiheit oder drückende Last?
2. Vor welchen „Mächten" haben Sie noch Angst? Wie können Sie dennoch getrost mit Jesus verbunden leben?
3. Welche Tabus gibt es in Ihrem Leben als Christ? Welche in Ihrer Gemeinde? Was sagt die Bibel wirklich dazu, ob ein Christ zum Beispiel rauchen oder tanzen darf?
4. Auf welche frommen Leistungen sind Sie stolz? Geht es dabei in erster Linie um Gottes Ehre?

Eigene Gedanken

Astrologie

Paulus warnt die Kolosser davor, „Engel anzubeten“ (2,18) und sich an den „Elementen der Welt“ zu orientieren (2,8), denen sie doch gestorben sind (2,20). Auch wenn unklar ist, was er genau meint, ist doch ein astrologischer Hintergrund wahrscheinlich, da die Sterndeutung für viele Menschen damals zum Alltag gehörte. Man lernte schon in der Schule, dass die Bewegungen von Sonne, Mond und Planeten auf die Lebewesen und die vier Grundelemente Erde, Wasser, Feuer und Luft einwirken. Deshalb war es wichtig herauszubekommen, „was die Sterne sagten“, damit man sein Leben hier auf der Erde danach ausrichten konnte.

Diese „westliche“ Astrologie hatte ihren Ursprung in Babylon (und Ägypten), wovon sich auch Spuren in der Bibel finden. So beschäftigte der babylonische König Nebukadnezar auch Sterndeuter (Daniel 2,2), die ihm das, was die Götter durch die Sterne sagten, deuten mussten. Auch die „heiligen drei Könige“ (wörtl. Magier) waren sehr wahrscheinlich babylonische Astrologen.
Auch die Tierkreis- oder Sternzeichen stammen aus der babylonischen Astrologie. Die Vorstellung ist, dass die Sonne im Laufe des Jahres zwölf Himmelsabschnitte durchzieht und es von Bedeutung ist, in welchem dieser Zeichen ein Mensch geboren wird, welches „Sternzeichen“ er also hat bzw. ist. Dieser Tierkreis enthält auch Stationen für die anderen Planeten und so kann man deren Stand eine Bedeutung zulegen. Der Astrologe hält nun die verschiedenen Einflüsse auf einer Himmelskarte fest, die man auch als Horoskop bezeichnet.

Als besonders verhängnisvoll wurde es angesehen, wenn mehrere Planeten in demselben Zeichen stehen und so Weltkatastrophen oder auch die Geburt großer Männer ankündigen. Die nicht berechenbaren Auftritte von Kometen und Meteoren wurden im Allgemeinen als unheilvolle Zeichen gedeutet. Die Sterne wurden dabei nicht nur als tote Materie verstanden, sondern sie galten als Götter. (Deshalb tragen die Planeten unseres Sonnensystems Götternamen wie Merkur, Venus oder Mars). Im späten Griechenland dachte man dagegen, dass die Sterne selbst keine Götter waren, sondern nur anzeigten, was die Götter wollten. So oder so hatten Sie aber Einfluss auf das Leben auf der Erde.

Im Alten Testament wird die Astrologie abgelehnt (Jesaja 47,13-14). Da sie im Grunde Wahrsagerei ist, treffen die Aussagen gegen Wahrsagerei auch auf sie zu (zum Beispiel 5. Mose 18,9-13). Schon der Schöpfungsbericht enthält eine Spitze gegen die Astrologie, da die Sterne in ihm als „Lichter" bzw. „Lampen" bezeichnet werden. Ihnen wird damit eine nur dienende Funktion am Himmel zugewiesen. Keineswegs sind sie Götter mit Eigenleben. Im Neuen Testament sieht Stephanus in der Sterndeuterei ein Zeichen für Gottes Gericht (Apostelgeschichte 7,42-43).

Die Kirchengeschichte zeichnet kein so klares Bild der Abgrenzung gegenüber der Astrologie. Lehnte man sie zunächst ab, bekannte sich Kaiser Konstantin zu ihr. An den Höfen der mittelalterlichen christlichen Herrscher blühte die Astrologie, da fast alle Herrscher ihre Hofastrologen hatten, die ihnen die Gegenwart und Zukunft aus den Sternen deuteten. Und nur wenige wissen, dass der Reformator Philipp Melanchthon einer der populärsten Astrologielehrer seiner Zeit war, dessen Vorlesungen viele Studenten anzogen.

Bis ins 17. Jahrhundert waren Astrologie und Astronomie nicht deutlich voneinander getrennt. Erst durch die Aufklärung entwickelte sich die Astronomie zur deutungsfreien Wissenschaft von der Beobachtung des Weltalls, während die Astrologie in den gebildeten Kreisen Europas als Unfug an Bedeutung verlor. Dennoch glauben nach wie vor etwa fünfundzwanzig Prozent der Bevölkerung in Deutschland, dass „die Sterne nicht lügen". Zwei Prozent glauben sogar, dass unsere Persönlichkeit und unser Lebensweg einzig von den Sternen bestimmt werden. Und viele Zeitschriften enthalten ein Horoskop. Doch es gibt keinerlei Beweise dafür, dass die Sterne Einfluss auf das Leben von Menschen haben. Wer das dennoch glaubt und sich nach ihnen ausrichtet, sollte den Rat von Paulus in Kolosser 2,20 neu hören: „Wenn ihr mit Christus den Elementen der Welt gestorben seid, was unterwerft ihr euch Satzungen, als lebtet ihr noch in der Welt?"

Ablegen und abtöten

Kolosser 3,1-11

Erklärungen zum Text

Gott macht das Herz der Christen durch den Heiligen Geist neu und prägt es. Daher sind sie in der Lage, Gutes zur Ehre Gottes zu tun. Diesen Gedanken entfaltet Paulus in den Kapiteln 3 und 4, in denen er die Kolosser ermutigt und ermahnt, nun auch als die Himmelsbürger zu leben, die sie durch Jesus geworden sind. Sie sollen sich also nach *droben* ausrichten und nicht mehr an dem, was „irdisch" ist, was „man" also tut. Jesus hat es so ausgedrückt (Mt 6,33): „Trachtet zuerst nach dem Reich Gottes und nach seiner Gerechtigkeit!"
Wenn wir unser Leben betrachten, ist oft nicht viel vom neuen Leben aus Jesus zu sehen. Das heißt aber nicht, dass es verborgen nicht dennoch da ist. Wenn Jesus in seiner Herrlichkeit wiederkommen wird, wird auch unsere Herrlichkeit sichtbar und vollendet werden. Bis dahin ist das Leben des Christen auch immer wieder ein Kampf gegen die Sünde. Paulus beschreibt das in zwei Bildern. Einmal geht es darum, alte Verhaltensweisen abzulegen, wie man alte Kleider ablegt. Und es ist nötig, das abzutöten, was uns schadet, so wie man Keime auf Lebensmitteln abtötet, damit sie nicht krank machen. Konkret warnt Paulus vor dem, was unsere Worte anrichten können. Denn wie schnell sind sie dahingesagt und verletzen andere. Und ob nicht gerade der fromme Erwartungsdruck zu Lüge und Heuchelei führt, die Jesus auch schon als die Sünde der Frommen entlarvt hat?

Fragen zum Text

1. Was genau sollen die Kolosser ablegen?
2. Welche „irdischen Glieder" sollen sie abtöten?
3. Welche Unterschiede spielen in der Gemeinde keine Rolle mehr?

Übertragung ins Leben

Als Christ so zu leben, wie Gott sich das vorstellt, nennen wir „Heiligung". Viele Christen denken, dass sie allein dafür zuständig seien, Jesus ähnlich zu werden. Doch ist das ein Missverständnis. Der dreieinige Gott ist nicht nur für unsere Erlösung zuständig, sondern auch für unser Wachstum im Glauben. Sehen wir nur auf uns, führt das schnell zu Krampf, weil es schlicht nicht funktioniert. Das bedeutet nicht, dass wir die Hände in den Schoß legen sollten. Wir können nicht tun, was nur Gott tun kann, ja – aber Gott will nicht tun, was wir tun können! Wie sehr wir von Gottes Hilfe abhängig sind, merken wir, wenn es um Dinge geht, die wir nicht einfach so hinter uns lassen können. Bei mir war es zum Beispiel Habgier, die meine Oma so tief in meinem Herzen verankert hatte, dass ich selbst nichts daran ändern konnte. Erst als ich dafür gebetet habe, dass Gottes Geist mich verändert, wurde es anderes, sodass ich heute zur Ehre Gottes sagen kann, dass er mir ein großzügiges Herz geschenkt hat.

Machen wir also einander immer wieder dazu Mut, uns dem Wirken des Heiligen Geistes zu überlassen.

Gesprächsimpulse

1. Woran wird in Ihrem Leben sichtbar, dass Sie nach „droben" ausgerichtet sind? Wo hängen Sie möglicherweise noch im Irdischen fest?
2. Welche der in den Versen 5 und 8 genannten Dinge machen Ihnen am meisten zu schaffen?
3. Was hat sich in Ihrem Leben positiv verändert, seit Sie Christ sind? Was in den Jahren, in denen Sie Christ sind?
4. Wie können Sie die Einheit in der Gemeinde leben bzw. bewahren?

Eigene Gedanken

In Gottes Kleiderkammer

Kolosser 3,12-17

Erklärungen zum Text

Nach dem Ablegen der alten, schmutzigen Kleider (3,8) bzw. dem Abtöten schlechter Gewohnheiten (3,5) geht es jetzt um die neuen Kleider, die zum neuen Menschen passen. *Herzliches Erbarmen* meint Mitleiden; *Güte* ist das freundliche, helfende Tun, das aus dem Erbarmen folgt; *Demut* ist der „Mut zum Dienen“; *Milde* das mitfühlende Handeln; *Geduld* steht für den „langen Mut“, die nachgehende Hilfe, die den anderen nicht aufgibt und nicht bitter wird. Alle fünf neuen „Kleidungsstücke“ finden wir auch bei Jesus, sodass es letztlich darum geht, Jesus selbst anzuziehen (Römer 13,14).
Bei der Liebe als dem *Band der Vollkommenheit* denkt Paulus vielleicht an den Gürtel, den man damals anlegte, um das Gewand hochzubinden und so unbeschwert gehen zu können. Sie ist nach 1. Korinther 13 nicht ein zusätzliches Kleidungsstück, sondern das entscheidende Merkmal des Lebens mit Jesus überhaupt.
Beim *Frieden des Christus* denkt Paulus nicht nur daran, dass Jesus uns mit Gott versöhnt hat, sondern auch daran, dass wir diesen Frieden im Herzen haben und ihn weitergeben.
In Vers 16 nennt Paulus zwei Kraftquellen für das neue Leben: das Wort von Christus, das reichlich im Christen „wohnen“ soll, sowie das (gesungene) Lob Gottes, das uns näher an Gottes Herz bringt. Denn wenn wir ihn loben, beschäftigen wir uns mit seinem Wesen. Für beides gilt: Viel hilft viel.
Vers 17 fasst die gesamte Ethik des neuen Testaments in einen Satz zusammen.

Fragen zum Text

1. Wie nennt Paulus die Christen in Kolossä?
2. Wie sollen die Kolosser mit Spannungen in der Gemeinde umgehen?
3. Was soll die Herzen regieren?
4. Was sollen die Kolosser laut Vers 16 einander tun?

Übertragung ins Leben

Viele denken, es ginge im Leben als Christ darum, Regeln einzuhalten und herauszufinden, was man tun darf und was man besser lassen soll. Paulus zeigt uns hier einen anderen, viel tieferen Weg. Wir fragen nicht mehr nach den Grenzen, sondern leben von unserer Beziehung zu Jesus her. Alles, was ich tue oder sage, tue oder sage ich so, dass damit mein Herr Jesus verherrlicht wird. Umgekehrt tue oder sage ich nichts mehr, was dem widerspricht. Eine gute Kontrollfrage dafür ist, ob ich für das, was ich gerade vorhabe, Gott von Herzen danken kann. „Danke für das Frühstück, das ich jetzt genießen werde", klingt gut! „Danke für den Groll, den ich nach wie vor ... gegenüber habe", klingt schon weniger gut. „Danke dafür, dass ich gleich ... anlügen werde." Sie haben das Prinzip verstanden?!

Gesprächsimpulse

1. Welche der fünf neuen Kleidungsstücke passt Ihnen am besten, welches drückt noch?
2. Wem können Sie in den nächsten Tagen ganz konkret Liebe erweisen?
3. Was können Sie dazu beitragen, dass sich der Frieden in Ihrer Gemeinde bzw. Gruppe ausbreitet?
4. Wie würde es aussehen, „im Namen von Jesus" Auto zu fahren, zu arbeiten, zu planen, Ehemann oder Ehefrau, Vater oder Mutter zu sein, ...?

Eigene Gedanken

Hausgemeinden und Haustafeln

Wenn wir an Kirche oder Gemeinde denken, sehen wir vor unserem inneren Auge in der Regel auch ein Gebäude – eben eine Kirche oder je nachdem auch ein Gemeindehaus. Denn für uns gehören Gebäude untrennbar dazu, wenn wir über Kirche oder Gemeinde nachdenken. Denn wo sonst sollte sich die Gemeinde zum Beispiel zum Gottesdienst versammeln?
In vielen Gegenden der Welt ist das ganz anders. Es gibt Staaten, in denen Christen unterdrückt und verfolgt werden und sich nur im Geheimen treffen können. Ganz klar, dass sie keine Gebäude errichten oder auch nur Räume für ihre Treffen mieten können. Wenn diese Christen zusammenkommen, dann meist in Privathäusern, in sogenannten Hausgemeinden oder Hauskirchen. Man schätzt, dass allein in China 50–80 Millionen Menschen zur Hauskirchenbewegung gehören.

Das war zur Zeit des Neuen Testaments nicht anders. Wir lesen an mehreren Stellen von Gemeinden, die sich in Privathäusern versammelten (Apostelgeschichte 2,46; 5,42; Römer 16,4-5.15; 1. Korinther 16,19; Kolosser 4,15; Philemon 2), sodass wir davon ausgehen können, dass sich größere Gemeinden wie in Rom oder Korinth aus mehreren Hausgemeinden zusammensetzten. Die Größe dieser Hausgemeinden dürfte dabei, je nach Größe des Hauses, zwischen 10 und 40 Personen betragen haben.
Erst als sich die Christen im Römischen Reich als Religion etablieren konnten, errichteten sie eigens für ihre Zwecke Gebäude, wobei zunächst normale Wohngebäude so umgebaut wurden, dass sie nur noch zu gottesdienstlichen Zwecken genutzt wurden. Erst als ab 310 das Christentum offiziell anerkannt wurde, kam es zu vermehrten Bauten von Kirchen.

Zu der Versammlungsform der Hausgemeinden passen die „Haustafeln“, die wir in verschiedenen neutestamentlichen Briefen finden (Epheser 5,22–6,9; Kolosser 3,18–4,1; 1. Petrus 2,13–3,7). In ihnen werden die Christen eines Hauses (zu dem damals auch die Sklaven gehörten) paarweise auf ihr Verhalten hin angesprochen (Männer–Frauen, Eltern–Kinder, Herren–Sklaven). Denn Christsein musste sich dort zuerst bewähren, wo man im Haus Tag für Tag aufs Engste zusammenlebte. Also im Zusammenleben von Frau und Mann in der Ehe, dem von Kindern und Eltern in der Familie und dem von Sklaven und Herren im erweiterten Haus(halt).

Die Haustafeln enthalten keine ausführliche Ethik, sondern greifen traditionelle Verhaltensnormen der Umwelt auf, sofern sie sich mit den Normen des Evangeliums vereinbaren ließen, und spitzen sie auf die Lebenswirklichkeit der Gemeinde zu. Damit wird der Glaube an Jesus im Alltag geerdet, denn es lässt sich leicht theoretisch darüber reden, dass der Glaube an Jesus Menschen verändert, wenn man das nicht auch täglich beweisen muss.

Martin Luther griff diese Art der Unterweisung in seinem kleinen Katechismus auf, den er verfasste, um den „evangelischen Hausvätern“ etwas an die Hand zu geben, mit dem sie ihr „Haus“ in der evangelischen Lehre unterrichten konnten. Zudem enthält der kleine Katechismus einen mit „die Haustafel“ überschriebenen Schlussteil mit „etlichen Sprüchen für allerlei heilige Stände, dadurch dieselben in der Führung ihres Amtes und in der Ausrichtung ihres Dienstes zu ermahnen.“ Entfaltet wird das, indem er die entsprechenden Bibelstellen aufführt für die „Bischöfe, Pfarrherren und Prediger“, die „weltliche Obrigkeit“, die Untertanen, die Ehemänner und Ehefrauen, die Eltern und Kinder, die „Knechte, Mägde, Tagelöhner und Arbeiter“, die „Hausherren und Hausfrauen“ (im Sinn von Chefin über die Diener) und zum Schluss für die „allgemeine Jugend“.

Die neuen Kleider in der Ehe

Kolosser 3,18-19

Erklärungen zum Text

An wenigen Stellen wird der Gegensatz zwischen dem, was in der Gesellschaft gilt, und dem, was die Bibel sagt, deutlicher als bei dem, was Paulus von den christlichen Ehefrauen fordert, wenn sie sich *ihren Männern unterordnen sollen*. Wobei Paulus nicht schreibt, dass sie ihren Männern gehorchen sollen (wie er das von Kindern und Sklaven erwartet). Denn es geht nicht darum, dass die Frau zähneknirschend ihrem Mann gehorcht, sondern dass sie sich freiwillig und gern in Gottes Ordnung für das gelingende Zusammenleben von Mann und Frau einordnet.
Auffällig ist, dass Paulus umgekehrt den Ehemännern nicht schreibt, sie sollten sich ihrer Ehefrau „überordnen". Nein, das Gegenstück zur Unterordnung der Frau ist nicht die Herrschaft, sondern die Liebe des Mannes. In Epheser 5,25 präzisiert Paulus das noch, indem er vom Ehemann fordert, dass er seine Ehefrau so lieben soll, wie Christus die Gemeinde in Selbsthingabe geliebt hat. Dazu gehört dann auch, dass er seine Ehefrau ernährt und fördert (Epheser 5,29).

Eine besondere Gefahr für die meist körperlich überlegenen Männer ist es, die eigenen Interessen rücksichtslos durchzusetzen, notfalls auch unter Gewaltanwendung (*bitter werden*). Diesen Weg untersagt Paulus dem Ehemann, da er sich natürlich nicht mit dem Vorbild von Jesus verträgt.
Wie in der Gemeinde, muss auch in der Beziehung einer die letzte Entscheidungsgewalt haben. Diese Aufgabe kommt dem Mann zu, wobei er sich immer daran orientieren wird, was seiner Frau guttut (Epheser 5,28).

Fragen zum Text

1. Wie begründet Paulus die Ermahnung an die Ehefrauen?
2. Wie sollen die Ehemänner ihren Frauen gegenüber nicht werden?

Übertragung ins Leben

Als Pastor führe ich regelmäßig Traugespräche, bei denen ich mit den zukünftigen Eheleuten auch wichtige Bibelstellen zur Ehe anschaue. Wenn wir an die Sache mit der Unterordnung der Frau kommen, würde ich am liebsten kneifen, da ich die Reaktion der Frau fürchte. Wie wird sie das finden, was die Bibel sagt? Platzt das Traugespräch gar an dieser Stelle? Bis auf einmal habe ich noch nie erlebt, dass es hier Stress gab. Im Gegenteil scheinen manche Frauen sogar erleichtert zu sein, dass sie in der Ehe jemanden haben, der sie trägt und für sie und die Kinder Verantwortung übernimmt. Umgekehrt ist es oft schwieriger, den (jungen) Mann dazu zu bewegen, sich dieser Verantwortung für seine Familie vor Gott auch wirklich zu stellen. Tipp: Gut geeignet, um Ehen zu fördern, ist der Alpha-Ehekurs, den Sie übers Internet leicht finden können.

Gesprächsimpulse

1. Was würde sich für die Ehefrauen und Ehemänner ändern, wenn sie sich fragten, ob sie sich Christus gegenüber auch so verhalten würden wie ihrem Ehepartner gegenüber?
2. Wie können wir das, was Paulus hier schreibt, in guter Weise vorleben, sodass es auch anderen einleuchtet und nicht als Ausdruck veralteter männlicher Herrschaftsstrukturen erscheint?
3. Beten Sie zum Abschluss gezielt für alle Ehepaare in Ihrem Kreis bzw. in ihrer Gemeinde.

Eigene Gedanken

Die neuen Kleider in der Familie

Kolosser 3,20-21

Erklärungen zum Text

Wie für die Ehepaare, so gibt Paulus auch für den Umgang zwischen Eltern und Kindern keine ausführlichen Anweisungen, sondern zeichnet nur ein paar Grundlinien ein. Eine dieser Grundlinien ist, dass minderjährige Kinder ihren Eltern gehorchen sollen. Auch hier geht es um Gottes gute Ordnung, die nicht ignoriert werden kann, ohne sich selbst zu schaden. Wie viel unnötige Kämpfe könnten vermieden werden, wenn Kinder die Autorität ihrer Eltern als gut für sie annehmen würden. Denn wer zu Hause keinen Gehorsam lernt, wird sich auch sonst im Leben mit Autorität schwertun – bis hin zur Beziehung zu Gott, der ja auch Gehorsam verlangt.
Warum Paulus allein die Väter anspricht, können wir nur vermuten. Vielleicht weil sie als Familienoberhaupt hier die größere Verantwortung tragen? Vielleicht aber auch, weil Väter stärker dazu neigen, Kinder zu hart zu behandeln? Jedenfalls kennt Paulus die Gefahr, dass Kinder aufgrund der Erziehung geschädigt werden. Deshalb ruft er die Väter (und Mütter) dazu auf, ihre Kinder nicht zu „reizen", sie also nicht zu streng zu behandeln, wie es die *Gute Nachricht Bibel* wiedergibt.
Umgekehrt brauchen Kinder aber auch gute Erzieher, wobei am wichtigsten ist, dass Kinder sich geliebt und angenommen fühlen und gleichzeitig konsequent erzogen werden.
Auch für den Gehorsam der Kinder ihren Eltern gegenüber gilt, dass man „Gott mehr gehorchen muss als den Menschen" (Apostelgeschichte 5,29), wobei es natürlich stark vom Alter der Kinder abhängt, wie sehr sie ihren Eltern widersprechen können, wenn diese etwas von ihnen verlangen, was Gottes Willen nicht entspricht.

Fragen zum Text

1. In welchen Bereichen sollen die Kinder ihren Eltern gehorchen?
2. Was ist die Folge davon, wenn Väter bzw. Eltern ihre Kinder „reizen"?

Übertragung ins Leben

Meine eigenen Kinder sind längst erwachsen und haben selbst Kinder. Mein Privileg als Großvater ist es, diese nicht mehr erziehen zu müssen, worüber ich froh bin. Die Sache scheint mir nämlich seit der Kindheit unserer Kinder nicht einfacher geworden zu sein, allein wenn ich an den nochmals gestiegenen Einfluss der Medien denke, die zu kontrollieren für Eltern immer schwieriger wird. Auf der anderen Seite erziehen meine Kinder ihre Kinder anders, als ich das selbst tun würde. Bis jetzt habe ich es geschafft, mich nicht einzumischen, obwohl es mich manchmal schon reizt. Doch besser als Einmischen ist es, wenn ich dafür bete, dass meine Kinder ihre Kinder in Verantwortung vor Gott weise und liebevoll erziehen können.

Gesprächsimpulse

1. Wie haben Sie als Kind Ihre Eltern erlebt? Was war gut, was eher nicht?
2. Was fällt Ihnen schwer bei der Erziehung Ihrer Kinder? Warum?
3. Ist heute vielleicht das größere Problem vieler Eltern, ihre Kinder gar nicht erziehen zu wollen?
4. Beten Sie für die Eltern in Ihrem Kreis, Ihrer Gemeinde. Beten Sie auch für die Erzieherinnen und Erzieher in Kindergärten und Schulen.

Eigene Gedanken

Die neuen Kleider am Arbeitsplatz

Kolosser 3,22–4,1

Erklärungen zum Text

Da zum Haushalt damals auch die Sklaven gehörten, schreibt Paulus hier etwas zum Verhältnis von Sklaven und Herren. Die Sklaven sollen ihren Herren gehorsam sein. Im Grunde arbeiten sie für Jesus Christus, von dem sie reichen Lohn erhalten werden. Wie das übrige Neue Testament stellt er die Sklaverei als Gesellschaftsordnung nicht infrage. Doch wird an das System Sklaverei schon die Lunte gelegt (vgl. die Auslegung zu Philemon und dort den Exkurs zum Thema), auch wenn es noch lange dauerte, bis diese Botschaft – auch bei den Christen – angekommen war.
Die Herren erinnert Paulus daran, dass sie einen Herrn im Himmel haben, dem sie verantwortlich sind. Sie dürfen ihre Sklaven also nicht (mehr) selbstherrlich und schlecht behandeln, sondern sollen sich an ihrem Herrn im Himmel orientieren. Dazu gehört, die Sklaven „gerecht und anständig" (*Hoffnung für alle*) zu behandeln. An dieser Stelle wird deutlich, dass die Bibel in eine uns fremde Kultur hineinspricht. Bei uns in den Gemeinden gibt es keine Sklaven und Herren mehr. Daher ist die Übertragung auf Arbeitgeber und Arbeitnehmer nicht einfach so möglich, auch wenn einige Prinzipien für sie heute ebenfalls gelten. So sollen Arbeitnehmer nicht innerlich kündigen, sondern auch dann das Beste geben, wenn ihr Chef sie nicht sieht – in dem Wissen, dass Gott sie immer sieht, denn Christen dienen zuerst ihrem himmlischen Herrn. Und für Arbeitgeber gilt, dass sie gerechten Lohn für die Arbeit bezahlen sollen, die Arbeitnehmer nicht ausbeuten, Menschen nicht als „Humankapital" behandeln und ihre Mitarbeiter fördern, indem sie ihnen dienen.

Fragen zum Text

1. Mit welcher Einstellung sollen Sklaven arbeiten?
2. Wem sind sie in erster Linie verantwortlich?
3. Was wird der empfangen, der selbst Unrecht tut?

Übertragung ins Leben

Als Pastor bin ich eigentlich mein eigener Chef, kann jedenfalls über einen großen Teil meine Arbeitszeit frei verfügen, was ich sehr genieße, denn so kann ich im Sommer bei schönem Wetter einfach mal spontan eine Radtour machen. Diese Freiheit ist auf der anderen Seite mit Verantwortung verbunden, denn da mich keiner kontrolliert, sitzt mir auch keiner im Nacken, der mich antreibt. Also muss ich selbst verantwortlich mit meiner Zeit umgehen. Mir hilft es dabei, mir immer wieder deutlich zu machen, dass ich meine Arbeit zwar für die Gemeinde, aber vor allem in Verantwortung vor Gott tue. Also achte ich darauf, dass ich meine Fahrrad-Zeit wieder durch Arbeit in der Zeit ausgleiche, in der ich eigentlich frei habe.

Gesprächsimpulse

1. Welche schwierigen Situationen aus Ihrem Arbeitsleben fallen Ihnen ein? Wie haben Sie diese gelöst?
2. Für welche anderen Lebensbereiche gilt ebenfalls, dass wir „von Herzen als dem Herrn und nicht den Menschen arbeiten"?
3. Selbst wenn wir in Deutschland keine Sklaverei mehr kennen (obwohl es eine Dunkelziffer „unfreiwillig" Arbeitender gibt), unterstützen wir durch unser Konsumverhalten vielleicht doch Sklaverei in anderen Ländern. Wie sieht hier ein verantwortliches Leben als Christ aus?
4. Auch in Deutschland werden Frauen zur Prostitution gezwungen. Informieren Sie sich über die Initiative gegen Prostitution (www.hope-hoffnung.de) und beten Sie dafür, dass diese moderne Form der Sklaverei aufhört.

Eigene Gedanken

Von Gebeten und Gesprächen

Kolosser 4,2-6

Erklärungen zum Text

Paulus schrieb nicht nur über das Gebet, sondern betete selbst treu für seine Gemeinden (zum Beispiel in Kolosser 1,3-12). Auch die Kolosser waren Beter, sodass Paulus sie ermutigen kann, weiterhin am Gebet *festzuhalten* und darin *zu wachen*. Denn Gebetseifer kann erlahmen, Gebet einschlafen und manchmal sogar die Beter (Lukas 22,45-46).
Es ist zwar möglich, die Inhalte des Evangeliums so zu lehren wie zum Beispiel Rechtschreibung, doch dass die Botschaft von der Rettung durch Jesus das Herz eines Menschen erreicht und berührt, liegt nicht in unserer Hand (1. Korinther 2,14). Weil Paulus das selbst oft so erfahren hat, bittet er die Kolosser darum, für seinen Dienst zu beten, damit Gott selbst möglichst vielen Menschen das Herz öffnet, so wie er es zum Beispiel bei Lydia getan hatte (Apostelgeschichte 16,14).
Auch wenn wir das Entscheidende also nicht tun können, sind unsere Worte dennoch von Bedeutung. Daher ist es wichtig, dass wir freundlich im Ton sind, denn wir wollen ja Menschen gewinnen und nicht Diskussionen. Auf der anderen Seite darf das, was wir zu sagen haben, nicht harmlos sein, sonst wirkt es fad und langweilig und erreicht die Hörer nicht. Und es ist wichtig, dass wir auf die wirklichen Fragen der Menschen Antworten geben und nicht Antworten auf Fragen, die (heute) gar keiner mehr stellt.
Da unsere Lebenszeit begrenzt ist, ermahnt Paulus, sie gut zu nutzen. Vor allem müssen wir wach sein, wenn Gott Türen öffnet, damit wir dann auch in guter Weise das Evangelium weitersagen können.

Fragen zum Text

1. Wofür bittet Paulus die Kolosser zu beten?
2. Welche fünf Anweisungen gibt Paulus für das Gespräch mit Menschen, die keine Christen sind?

Übertragung ins Leben

Bekommen Sie auch Gebetsbriefe oder Gebetskalender? In der Regel ignoriere ich die, weil ich nicht für alle christlichen Organisationen beten kann. Aber es sollte doch möglich sein, wenigstens für eine zu beten?! Denn wie Paulus hier deutlich macht, sind wir als betende Gemeinde gefragt. Wir tragen mit dazu bei, dass sich woanders Menschenherzen für das Evangelium öffnen. Oder dass sie verschlossen bleiben, wenn wir unseren Teil der Mission (also das Gebet) vernachlässigen. Daher werde ich ab jetzt den Gebetskalender von „Open Doors" in mein Losungsbuch legen und jeden Tag für das Anliegen beten, das dort aufgeführt ist. Wen werden Sie in Zukunft durch Ihre Fürbitte unterstützen und so mit dazu beitragen, dass Gottes Herrschaft sich in dieser Welt ausbreitet?

Gesprächsimpulse

1. Für wen beten Sie regelmäßig?
2. Haben Sie schon mal jemand konkret um Gebet gebeten? Was hindert Sie möglicherweise daran?
3. Wann fällt es Ihnen schwer, das Evangelium weiterzugeben, wann leicht?
4. Welche Fragen haben Ihre Nachbarn, Freunde oder Arbeitskollegen? Sie wissen es nicht? Dann sollten Sie sie einfach mal fragen!
5. Welche Zeitfresser rauben Ihnen die Zeit? Denn Zeit haben wir nicht einfach, für die wichtigen Dinge müssen wir sie uns nehmen.

Eigene Gedanken

Ach, nur Grüße?

Kolosser 4,7-18

Erklärungen zum Text

Erstaunlich, wie viele Menschen Paulus in der ihm unbekannten Gemeinde in Kolossä grüßte, vermutlich doch, weil er diese kannte und schätzte. Denn Paulus war keineswegs ein Einzelkämpfer bei der Verkündigung des Evangeliums, sondern ihm war wichtig, im Team zu arbeiten. Schon Jesus hatte seine Jünger zu zweit ausgesandt (Markus 6,7).

Es ist wichtig, dass Christen sich füreinander interessieren. Dazu schrieb Paulus nicht nur Briefe, sondern sandte auch Mitarbeiter als Boten hin und her. Wir gehören als Glieder eines Leibes zusammen (1. Korinther 12,12-27) und gehen einander auch an. Auf Kains Frage „Soll ich der Hüter meines Bruders sein?“ (1. Mose 4,9) gibt es in der Gemeinde nur die Antwort: „Ja, was denn sonst?“

Dass Paulus *Onesimus* einen *treuen und geliebten Bruder* nennt, muss für die Kolosser merkwürdig geklungen haben. Denn sie kannten ihn bisher nur als den nutzlosen Sklaven, der seinem Herrn Philemon weggelaufen war (siehe die folgende Auslegung zum Philemonbrief).

Auch die Erwähnung von *Markus* ist bemerkenswert, denn von ihm hatte sich Paulus auf der ersten Missionsreise getrennt und war in der Folge darüber mit seinem Teampartner Barnabas so heftig aneinandergeraten, dass er sich auch von diesem trennte (Apostelgeschichte 15,36-40). Wenn Paulus also nun Grüße von Markus ausrichtet, haben sich die beiden offensichtlich miteinander versöhnt.

Nicht alle Briefe, die Paulus schrieb, sind Teil des Neuen Testaments. Zwar vermuten Ausleger, dass der hier erwähnte Brief an *Laodizea* unser Epheserbrief ist (auch, weil dieser ursprünglich keine Ortsangabe enthielt), doch spricht mehr dafür, dass dieser Brief verlorengegangen ist.

Fragen zum Text

1. Wie viele Leute grüßt Paulus – und von wie vielen richtet er Grüße aus?
2. Warum hat Paulus Tychikus und Onesimus nach Kolossä geschickt?

3. Welche Funktion erfüllen Aristarach, Markus und Jesus (Justus) im Leben von Paulus?

Übertragung ins Leben

Für viele sind Grüße nur ein notwendiges Übel und häufig werden sie mehr oder weniger lustlos ausgerichtet – wenn überhaupt. Mir geht das anders. Ich bekomme gern Grüße, weil ich auf diese Weise spüre, dass ich dem Grüßenden nicht egal bin und er an mich gedacht hat. Umgekehrt richte ich auch gern Grüße aus, um dem anderen zu zeigen, dass ich an ihn gedacht habe und er mir etwas bedeutet. Gerade als Christen sollten wir uns herzlich grüßen und uns so gegenseitig ermutigen und stärken. Schließlich gehören wir alle zu Gottes großer Familie!

Gesprächsimpulse

1. Wie rege nehmen Sie Anteil am Ergehen anderer Christen? Wie sehr lassen Sie andere an Ihrem Befinden Anteil nehmen?
2. Durch wen erfahren Sie Ermutigung? Wen sollten Sie ermutigen?
3. Wer ist Ihr „Markus“ – wem sollten Sie also eine zweite Chance geben?
4. Wer würde sich über einen Gruß von Ihnen freuen? Wann und wie wollen Sie den Gruß ausrichten?

Eigene Gedanken

Der Brief an Philemon

Wer war Philemon und warum dieser Brief?

Der Brief, den Paulus damals an den in Kolossä wohnenden Christen Philemon schrieb, ist nur eine Seite lang und entsprach damit in seiner Länge einem normalen antiken Brief. Was umgekehrt natürlich heißt, dass alle anderen neutestamentlichen Briefe (außer Judasbrief und 2. und 3. Johannesbrief) von ihrer Länge her aus dem Rahmen fielen.

Wer ist Philemon und warum schreibt Paulus ihm als einzigem Privatmann einen Brief (die Briefe an Timotheus und Titus galten ihnen als Gemeindeleitern)? Das hat mit der besonderen Lebensführung der drei Männer Paulus, Philemon und Onesimus zu tun. Denn „zufällig" tauchte eines Tages der Philemon entlaufene Sklave Onesimus bei Paulus in Rom (weniger wahrscheinlich: Cäsarea) im Gefängnis auf (oder im Hausarrest, Apostelgeschichte 28,16?). Vielleicht wusste Onesimus aber auch, dass Philemon Paulus kannte und schätzte und suchte den Apostel von sich aus auf, um mit ihm über seine schwierige Lage zu sprechen. Denn Sklaven, die entlaufen waren, wurden in der Regel hart bestraft, was für viele sogar den Tod durch Kreuzigung bedeutete.

Wie dem auch sei, Paulus gewann Onesimus nicht nur lieb, sondern führte ihn auch zum Glauben an Jesus. Darüber hinaus wurde er für Paulus zu einer wertvollen Hilfe in seinem Alltag als Gefangener. Denn sowohl in Rom als auch in Cäsarea konnte er Besuch empfangen, sodass Onesimus zum Beispiel Botengänge für Paulus übernehmen oder ihn mit zusätzlichen Lebensmitteln versorgen konnte. Und auch über Pergament, Tinte und Bücher hat sich Paulus gewiss gefreut.
Und doch durfte dieser Zustand nicht auf Dauer so bleiben, denn rechtlich gesehen gehörte Onesimus natürlich weiterhin Philemon und die Sache musste geklärt und bereinigt werden. Daher bewog Paulus Onesimus dazu, sich seiner Vergangenheit zu stellen und zu Philemon zurückzukehren, auch auf die Gefahr hin, dass er dann bestraft würde. Allerdings hoffte Paulus, dass er Philemon dazu bewegen könnte, Onesimus zu verzeihen und ihn gnädig wieder aufzunehmen – nicht zuletzt durch seinen Brief an Philemon, in dem er sich für Onesimus verwandte.

Das tat Paulus, indem er Philemon erklärte, dass Onesimus Christ geworden sei (10). Dann bat er ihn, ihn dadurch zu erfreuen und zu erquicken (20), dass Philemon Onesimus als Bruder ansehe (17).

Mit dem Philemonbrief werfen wir einen einzigartigen Blick in das mitfühlende Herz von Paulus, der sich immer auch seelsorgerlich um die Menschen gekümmert hat, die durch seinen Dienst zum Glauben gekommen waren (Apostelgeschichte 20,31). Der Brief zeigt uns auch, wie sich die großen Scheine der Erlösung und Erneuerung durch Jesus in das Kleingeld des Alltags (hier zwischen Herrn und Sklaven) übersetzen lässt.

Die meisten Ausleger gehen davon aus, dass die als Empfängerin aufgeführte Aphia die Ehefrau von Philemon war. Das würde insofern Sinn ergeben, als dass Sklaven oft im Haus arbeiteten und dann der Frau des Hauses unterstellt waren. Dann musste natürlich auch Aphia mitreden und mitentscheiden, was mit Onesimus geschehen sollte. Falls der ebenfalls angeschriebene Archippus der Sohn des Hauses war, ging ihn die ganze Angelegenheit natürlich auch etwas an. Vielleicht war Archippus aber auch der Leiter der kleinen Hausgemeinde, die sich in Philemons Haus versammelte. Dann wird er gemeinsam mit der Gemeinde angeschrieben, weil auch sie betroffen war. Onesimus gehörte ja jetzt mit zum Leib von Christus und daher auch zur Hausgemeinde. Und da war es nicht gleichgültig, wie der Bruder Philemon jetzt mit dem Bruder Onesimus umgehen würde. Und so wird der Privatbrief an Philemon auch zu einem Brief an die Gemeinde in seinem Haus, denn es gilt: „Und wenn ein Glied leidet, so leiden alle Glieder mit; oder wenn ein Glied verherrlicht wird, so freuen sich alle Glieder mit" (1. Korinther 12,26).

Hat Philemon auf Paulus' Brief positiv reagiert? Das wissen wir nicht. Doch wird in der alten Kirche ein Bischof Onesimus in Ephesus erwähnt, der ja immerhin identisch mit dem entlaufenen Sklaven sein könnte, da Ephesus nur etwa 200 Kilometer von Kolossä entfernt lag.

Hallo und tschüs

Philemon 1-3 und 22-25

Erklärungen zum Text

Paulus nennt sich *Gefangener Christi Jesu*, weil er wegen seines Glaubens an und seines Dienstes für Jesus im Gefängnis ist. Insgesamt verbrachte er einige Jahre in verschiedenen Gefängnissen.
Manchmal ist auch bedeutsam, was jemand nicht schreibt. So verzichtet Paulus auf die Nennung seines apostolischen Titels (vgl. z. B. Römer 1,1: „Knecht Christi Jesu, berufener Apostel"), weil er Philemon nicht zuerst in der Autorität eines Apostels schreibt, sondern von Freund zu Freund und von Bruder zu Bruder.
Paulus nennt Philemon *den Geliebten* und erinnert Philemon so daran, dass Gott ihn liebt. Diese empfangene Liebe soll sich dann auch im Umgang mit seinem zurückkehrenden Sklaven Onesimus zeigen. Paulus nennt Philemon darüber hinaus *unseren Mitarbeiter* und erinnert ihn so daran, dass sie gemeinsam Jesus dienen.

Paulus hat vor, Philemon demnächst zu besuchen und bittet ihn, dafür alles vorzubereiten. Das ist zugleich ein Hinweis an Philemon, dass Paulus dann ja persönlich miterleben wird, auf welche Weise Philemon die Sache mit Onesimus gelöst hat.
Epaphras saß gemeinsam mit Paulus im Gefängnis. Die anderen erwähnten Mitarbeiter waren frei und konnten Paulus so von außerhalb zur Hand gehen, was für sie aber nicht ganz ungefährlich war, da auch auf sie ein schlechtes Licht fiele, würde Paulus verurteilt werden.
Mit *Geist* meint Paulus hier das, was er an anderen Stellen (Römer 7,22; Epheser 3,16) den „inneren Menschen" nennt. Ihm wünscht Paulus *die Gnade des Herrn Jesus Christus*, denn wir alle leben davon, dass Gott bzw. Jesus uns gnädig ist.

Fragen zum Text

1. Wer außer Philemon ist Empfänger des Briefs?
2. Als was bezeichnet Paulus Timotheus?
3. Was lässt Paulus zuversichtlich hoffen, demnächst frei zu kommen?

Übertragung ins Leben

Ich war bis jetzt erst einmal zu Besuch in einem Gefängnis. Obwohl es schon lange her ist, kann ich mich noch gut an das bedrückende Gefühl erinnern, hinter Gittern zu sein. Wie schlimm muss es erst einem Menschen gehen, der dort für viele Jahre oder gar lebenslänglich gefangen gehalten wird? Wie oft werden Gefangene erleben, dass nach und nach alle Kontakte und Freundschaften abreißen, weil sich niemand mehr für sie interessiert? Und wie entsetzlich, wenn sich die eigene Familie dann auch noch abwendet. In vielen Ländern dieser Erde betrifft das auch Christen, die wegen ihres Glaubens an Jesus unschuldig in Gefängnissen sitzen. Wie können wir ihnen helfen? Gebet ist das Wichtigste. Doch können wir noch mehr tun, ihnen zum Beispiel über „Open Doors“ schriftliche Grüße zukommen lassen und ihnen auf diese Weise zeigen, dass sie nicht allein sind, sondern jemand an sie denkt und für sie betet.

Gesprächsimpulse

1. Leben Sie als ein geliebter Mensch Gottes? Wie wirkt sich das auf Ihr Selbstbewusstsein aus? Wie auf Ihre Beziehungen?
2. Wie geht es Ihnen mit Gastfreundschaft? Warum fällt sie Ihnen leicht bzw. schwer?
3. Wie begrüßen Sie einander? Was wünschen Sie anderen zum Abschied? Wie können Sie die Verbundenheit in Jesus bei beidem zum Ausdruck bringen?

Eigene Gedanken

Dank und Fürbitte

Philemon 4-7

Erklärungen zum Text

Paulus betete treu für viele Menschen, so auch für Philemon. Dabei hatte er allen Grund zur Dankbarkeit Gott gegenüber, weil Gottes Gnade (1. Korinther 15,10) im Leben von Philemon wirksam geworden war und man das auch an seinem Glauben an Jesus und seiner Liebe zu den Mitchristen erkennen konnte. In Philemons Leben verwirklichte sich also der „durch Liebe wirksame Glaube“ (Galater 5,6), der für Paulus das Kennzeichen des Lebens mit Jesus ist.
Doch kann auch Philemon noch weiter wachsen. Deshalb bittet Paulus Gott, dass Philemon das Gute erkennt, was Jesus ihm durch den Glauben geschenkt hat und er aus der ihm geschenkten Liebe heraus lebt (1.9).
Paulus dankt nicht nur Gott für Philemon, sondern ermutigt auch Philemon direkt, indem er ihm sagt, was er Gutes für seine Mitchristen getan hat. Auch wir brauchen ermutigende Worte von Mitchristen und „nicht kritisiert, ist genug gelobt“ reicht dabei nicht aus. Wobei wir aufpassen müssen, dass nicht aus dem Blick gerät, dass alles, was wir gut machen, letztlich Gott zu verdanken ist. Der Grat ist also schmal, auf dem wir uns beim Loben von Menschen bewegen.
Wenn Paulus Philemon dafür lobt, dass durch ihn die Mitchristen *erquickt* worden sind, steht dasselbe Wort wie in Matthäus 11,28-29, das Luther dort einmal mit „erquicken“ und einmal mit „zur Ruhe finden“ übersetzt hat. Bonhoeffer schrieb dazu (in „Gemeinsames Leben“): „Die leibliche Gegenwart anderer Christen ist dem Gläubigen eine Quelle unvergleichlicher Freude und Stärkung.“

Fragen zum Text

1. Wofür ist Paulus Gott im Blick auf Philemon dankbar?
2. Welchen Gewinn hat Paulus selbst aus den Berichten über Philemons Einsatz für die Gemeinde gezogen?

Übertragung ins Leben

Immer wieder kommen Leute nach einer Predigt zu mir, um sich für das zu bedanken, was sie gehört haben. Ohne Frage tut mir das menschlich gesehen gut und es spornt mich auch an, die nächste Predigt gut vorzubereiten und hoffentlich so zu halten, dass davon Segen ausgeht. Auf der anderen Seite gehört das eigentliche Lob ja Gott, der mir sein Wort gibt und mich bevollmächtigt. Also versuche ich zumindest innerlich, das empfangene Lob an meinen Vater im Himmel weiterzugeben. Umgekehrt versuche ich immer wieder, mich bei Mitarbeitern in der Gemeinde für ihren Dienst zu bedanken und sie dadurch zu ermutigen und aufzubauen. Ein gutes Motto dabei ist: „Erwische jemanden dabei, wenn er etwas gut macht, und lobe ihn dann dafür."

Gesprächsimpulse

1. Wofür wäre Paulus im Blick auf Sie wohl dankbar? Was würde er über Sie hören?
2. Was in Ihrem Leben wäre für Paulus Anlass, für Sie zu beten? Wo brennt es am meisten?
3. Beten Sie füreinander in Ihrer Kleingruppe? Wie können Sie das (besser und treuer) hinkriegen?
4. Wie können Sie einander „erquicken"? Was dafür tun, dass andere bei Jesus zur Ruhe finden?
5. Wie halten Sie es mit dem Loben in Ihrer Gruppe oder Ihrer Gemeinde? Wem können Sie in der nächsten Woche für etwas danken?

Eigene Gedanken

Sklaverei

Alle antiken Kulturen kannten das Sklavenwesen, sodass es als normal und richtig galt, dass Menschen andere Menschen besitzen. Auch die griechische Philosophie rechtfertigte die Sklaverei (für Aristoteles waren sie „belebtes Werkzeug“). Was wohl auch daran lag, dass die Sklaverei die wirtschaftliche Säule der Gesellschaft war. Letztlich konnten sich viele freie Bürger nur deshalb dem Philosophieren widmen, weil ihnen ein Heer von Sklaven die Arbeit für „Kost und Logis“ abnahm. So waren im 4. Jahrhundert v. Chr. in Athen 25 Prozent der Bevölkerung Sklaven, die in der Landwirtschaft, im Bergbau oder im Haus ihrer Besitzer beschäftigt waren. Zwar arbeiteten einige auch als Erzieher, Ärzte, Musiker oder Geschäftsführer – doch auch sie waren unfreie Sklaven, die nicht über sich selbst bestimmen konnten. Im Rom der Zeitenwende dürfte der Prozentsatz ähnlich hoch gewesen sein.

Auch das Alte Testament kennt den Sklaven als Besitz, unterscheidet aber zwischen hebräischen und ausländischen Sklaven, die man lebenslang kaufen konnte (3. Mose 25,44-46). Im Gegensatz dazu durfte man einen hebräischen Sklaven maximal sechs Jahre lang besitzen, dann musste er freigelassen werden (2. Mose 21,2; 5. Mose 15,12-18). So sollte verhindert werden, dass es in Israel dauerhaft einheimische Sklaven gab.

Im Neuen Testament wird die Sklaverei als herrschende Gesellschaftsordnung als gegeben vorausgesetzt. So erzählt Jesus in Gleichnissen oft von Sklaven-Herrenverhältnissen, ohne sie zu kritisieren. Auch in den Briefen rufen die Schreiber nirgends dazu auf, die Sklaverei abzuschaffen. Im Gegenteil: Paulus sagt den Sklaven eindrücklich, dass sie gute Sklaven sein sollen, indem sie ihren Herren so dienen, als ob sie sie Jesus dienen (Kolosser 3,22-24). Und auch Petrus fordert die Sklaven auf, sich ihren Herren unterzuordnen, selbst wenn diese sie schlecht behandeln (1. Petrus 2,18-25).
Und doch glimmt die Lunte schon am System der Sklaverei, denn in der Gemeinde gilt, dass „da nicht Sklave noch Freier ist; denn ihr alle seid einer in Christus Jesus“ (Galater 3,28). Und Paulus fordert in den sogenannten „Haustafeln“ nicht nur von den Sklaven, dass sie ihren Herren gehorchen, sondern ebenso von den Herren (Kolosser 4,1), dass sie ihren Sklaven „gewähren, was recht und billig ist, da ihr wisst, dass auch ihr einen Herrn im Himmel habt!“ Auch wenn Paulus

die Sklaverei nicht abschaffen will (wozu die Christen damals auch keine Macht hatten), schreibt er doch, dass die Sklaven, die frei werden können, diese Gelegenheit beherzt ergreifen sollen (1. Korinther 7,21b). Gerhard Hörster schreibt dazu: „Die Gemeinde Gottes ist eine neue Schöpfung durch Gottes Geist. In ihr können alte Strukturen nicht unverändert beibehalten werden. Kein Christ kann einen anderen Christen, der Sklave ist, auspeitschen oder gar kreuzigen lassen. Die Liebe Christi schließt das aus. In der Gemeinde Gottes sitzen Sklaven und Herren an dem einen Tisch des Herrn. Das muss auch ihren Umgang miteinander bestimmen. So wird die Gemeinde zu einem Zeichen für menschenwürdigen Umgang miteinander."

Wirksamer in der Kirchengeschichte ist aber geworden, dass Paulus die Sklaven dazu ermahnt, in ihrem Stand als Sklaven zu bleiben, wenn sie nicht freigelassen werden (1. Korinther 7,21a). Darum dauerte es noch mehr als 1800 Jahre, bis die Sklaverei ins Wanken kam. Bis dahin hatten auch Christen oft kein Problem damit, Menschen zu versklaven und als billige Arbeitskräfte zu missbrauchen. Leider wurde dabei auch oft mit der „Minderwertigkeit" der zu Versklavenden argumentiert und auf die einschlägigen Stellen in Alten und Neuen Testament verwiesen.
Und wenn sich auch Christen wie William Wilberforce bei der Abschaffung der Sklaverei engagierten, muss man doch feststellen, dass es die Anstöße durch die Aufklärung brauchte, um die Sache ins Rollen zu bringen. Erst durch deren Betonung der Menschenwürde und der Gleichheit aller Menschen entdeckten die Christen, dass davon ja bereits in der Bibel die Rede ist, und setzten sich schließlich erfolgreich für die Abschaffung der Sklaverei in Europa und den USA ein.

Können Menschen sich ändern?

Philemon 8-21

Erklärungen zum Text

8-9: Als Apostel und geistlicher Vater von Philemon (19) könnte Paulus zwar Philemon gebieten, das Richtige zu tun, doch verzichtet er darauf, weil er hofft, dass Philemon aus Liebe das Richtige tun wird (14).
10-12: *Onesimus* („der Nützliche") war alles andere als nützlich für Philemon gewesen. Das hatte sich durch seine Bekehrung geändert, sodass er jetzt, vielleicht weil er Botengänge erledigte, für Paulus sehr nützlich war. Und Paulus hatte ihn liebgewonnen. Doch war er immer noch ein entlaufener Sklave. Deshalb schickte Paulus ihn zurück zu seinem Herrn, obwohl er ihn gern bei sich behalten hätte.
15-16: Wenn Onesimus wieder zurück ist, wird er Philemon – im Sinn von Kolosser 3,22-25 – besser dienen als vorher. Zusätzlich hat Philemon ihn für alle Ewigkeit als Bruder gewonnen. War das nicht den ganzen Ärger wert? Und musste das nicht für Philemon Grund genug sein, Onesimus nicht zu bestrafen, sondern ihm zu vergeben?
18: Paulus bietet eine förmliche Übernahme des durch Onesimus angerichteten Schadens an. Dabei geht es um entgangene Arbeitskraft, vielleicht hat er aber auch bei der Flucht noch Geld gestohlen. Um der Form einer Schadenübernahme Genüge zu tun, schreibt Paulus diesen Teil des Briefs *mit eigener Hand*.
20-21: Deutet Paulus hier vielleicht an (vgl. Vers 13-14), dass er hofft, dass Philemon Onesimus wieder aufnimmt und ihn dann zu ihm zurückschicken wird – entweder als zum Dienst abgeordneten Sklaven oder indem er ihn freilässt und er dann aus freien Stücken Paulus dient?

Fragen zum Text

1. In welchem Verhältnis steht Paulus zu Philemon, in welchem zu Onesimus?
2. Wer müsste Paulus eigentlich dienen?
3. Was soll Philemon mit Onesimus tun, wenn er zu ihm zurückkommt?

Übertragung ins Leben

Können Menschen sich ändern? Auf der einen Seite legen uns unsere Gene und Veranlagungen teilweise fest. Wer ein eher fröhlicher und kommunikativer Mensch ist, wird es auch bleiben. Wer dagegen eher nachdenklich und still ist, wird sich nicht großartig verändern. Hier gilt es, dass wir uns so annehmen, wie wir sind, und das Gute in unseren Veranlagungen entdecken und pflegen. Auf der anderen Seite bekommen wir bei unserer Wiedergeburt ein neues Herz. Und da wäre es doch merkwürdig, wenn sich das nicht darin zeigen würde, dass wir wachsen und reifen. Nicht so, dass wir zu völlig anderen Menschen werden. Doch so, dass wir negative Verhaltensweisen durch positive ersetzen können. Und all das, weil Gottes Geist uns in das Bild von Jesus verwandelt. Ich bin froh, dass ich solche Verwandlungen schon bei mir und bei anderen erleben konnte und bin gespannt auf das, was Gott in meinem Leben noch zum Guten verändern wird.

Gesprächsimpulse

1. In welchen Bereichen sind Sie geistlich gewachsen, seit Sie Christ sind?
2. Philemon musste Onesimus aus der Schublade „unnützer Sklave" herauslassen. Welche Schubladen müssen Sie öffnen, um Menschen gerecht zu werden?
3. Was mussten oder müssen Sie in Ordnung bringen, weil Sie Christ sind?
4. Wie können Sie Verantwortung für andere in der Gruppe oder der Gemeinde übernehmen, ohne sie zu bevormunden?

Eigene Gedanken

3 Kolosser 1,15-20

ERKLÄRUNGEN

In den Versen 9-14 führt Paulus auf, was er für die Gemeinde in Kolossä erbittet und wofür Gott zu danken ist. Als er schließlich an das erinnert, was Gott durch Jesus Christus getan hat, beginnt er zu singen. In rhythmischen Wortfolgen in der Art der Psalmen kommt sein Jubel zum Ausdruck. Es ist ein Loblied und Bekenntnis zugleich.

15: *Erstgeborener* bezeichnet die Vorrangigkeit des Gottessohnes vor allem, was wir mit den natürlichen Sinnen in Raum und Zeit wahrnehmen oder uns vorstellen können. Christus ist der ewige „Gott von Gott", wie es im Nizänischen Glaubensbekenntnis heißt. Die Aussage „Ich will ihn [David] *zum erstgeborenen Sohn machen*, zum Höchsten unter den Königen auf Erden" (Ps 89,28) zeigt, dass es sich nicht um eine leibliche Geburt handeln kann. David war ja der jüngste Sohn in seiner Familie.

16: Die frühen Gemeinden waren durch eine Irrlehre gefährdet, die unsichtbaren *Mächten* große Bedeutung beimaß. Ob es lichte Engel waren, deren Beistand man sich versichern wollte, oder dunkle Dämonen, die besänftigt werden sollten: Paulus stellt klar, dass auch das alles nur Geschöpfe sind, die nicht wie Christus ewig bleiben werden (1. Kor 15,24).

18: Gemeinde, das ist die Gesamtheit aller von Jesus Christus aus ihrer Umwelt „Herausgerufenen" (so wörtlich); das sind also nicht etwa nur die Christen in Kolossä. Das Bildwort *Leib* weist auf die Vielfalt der Glieder und ihre Abhängigkeit voneinander hin. Lesen Sie dazu 1. Korinther 12,12-30.

FRAGEN

Beobachten

1. Welche Wesensmerkmale von Christus sind in diesem Loblied genannt? Versuchen Sie die jeweils mit einem Stichwort zu notieren.

Verstehen

2. Wer wird in der Bibel zuerst Bild Gottes genannt? Wer sagt das?
Tipp: Beachten Sie das „uns" in 1. Mose 1,26.
3. Wessen Bild sahen die Jünger, als sie mit Jesus zusammenlebten (Joh 14,7)?
4. Wie ist es zu erklären, dass sowohl der erste Mensch als auch Christus als Ebenbilder Gottes bezeichnet werden?
5. Welche Menschen hat Gott dazu bestimmt, dem Bild des Sohnes Gottes gleich zu werden (Röm 8,29; vgl. 2. Kor 3,18)?
6. Was ist damit von Christus ausgesagt, wenn alles „in ihm, durch ihn und zu ihm" geschaffen ist? Was wird jeweils mit den einzelnen Präpositionen (in, durch und zu) speziell betont?
7. Was kann damit angedeutet sein, dass außer der sichtbaren Schöpfung auch die unsichtbare genannt wird – sogar in vier Dimensionen: Throne, Herrschaften, Mächte, Gewalten? An welche uns schwer erkennbaren oder vorstellbaren Größen könnte der Apostel hier gedacht haben?
Tipp: Epheser 1,21; 3,10; 6,12; Kolosser 2,10.15.
8. Welches Wesensmerkmal von Jesus wird hervorgehoben, wenn er der „Anfang" (18) genannt wird?
Tipp: 1. Mose1,1; Johannes 1,1.

9. Was folgt daraus – für uns und einfach für alles (18) –, dass Jesus Christus der Erstgeborene von den Toten ist (18)?

10. Was hat der blutige Tod von Jesus am Kreuz bewirkt? Was geschah, als Gott „alles zu sich selbst aussöhnte" (20)?
Tipp: 2. Korinther 5,19. Was ist seitdem anders in der Welt?

11. Was für ein Friede ist das, den Christus am Kreuz wiederhergestellt hat? Wer und was musste befriedet werden?
Tipp: Epheser 2,14-18.

Anwenden

12. Wofür können Sie Gott loben und preisen? Wie können Sie das zum Ausdruck bringen, auch wenn Sie nicht musikalisch oder poetisch begabt oder wortgewandt sind?

13. Inwieweit halten Sie es für zutreffend, dass jeder Mensch als Bild Gottes anzusehen ist? Welche Ausnahmen möchten Sie davon machen? Warum?

14. Wie verstehen Sie das Bekenntnis zu „Gottes eingeborenem Sohn" in Verbindung mit der Aussage „geboren von der Jungfrau Maria"?

15. Was antworten Sie jemandem, der im Blick auf die lebensbedrohlichen Naturerscheinungen – zum Beispiel Raubtiere, Katastrophen, tödliche Krankheiten – nicht verstehen kann, dass Jesus an der Schöpfung beteiligt war?

16. Wie erklären Sie jemandem, der nur glaubt, was er sieht, dass unsichtbare Wesen und Mächte, also etwa Engel, aber auch Dämonen, tatsächlich in der Welt sind und handeln?

17. Können Sie sich ein Universum einschließlich uns kleiner Menschengeschöpfe vorstellen, das nicht von Christus geschaffen wurde, der „vor allem ist" (17)? Was würde mit uns geschehen, wenn seine Schöpferkraft in diesem Moment ausbliebe?
Tipp: Psalm 104,27-29.

18. Was sagen Sie im Blick auf die heute sehr vielfältigen Erscheinungsformen christlicher Kirchen und Gemeinschaften zu der Feststellung, dass Jesus Christus das Haupt der (weltweiten) Gemeinde ist?

19. Was sagen die ungewöhnlichen Formulierungen „Gott versöhnte zu ihm" oder „mit sich selbst" aus über die eigenen Möglichkeiten, unser Verhältnis zu Gott wieder in Ordnung zu bringen?

ANREGUNGEN

1. Eine gute Christus-Ikone in orthodoxen Kirchen blickt den Betrachter direkt an. Suchen Sie solch ein Bild, zum Beispiel „Christus Pantokrator", geben es jedem Teilnehmer und lassen Sie ausreichend Zeit es anzuschauen. – Wer blickt dann wen an?

2. Bringen Sie am Schluss das Lob Gottes und den Dank im Gebet zum Ausdruck. Wenn Sie gemeinsam beten, einigen Sie sich zuvor, wer das für jedes der erkannten Wesensmerkmale von Jesus tun möchte.

Die Seiten 60 und 61 sind ein Beispiel für eine Ausarbeitung in der *Orientierung Hauskreis-Edition*

Die Hauskreis-Edition von *Orientierung*

... bringt persönliches Bibellesen und gemeinsames Lesen in der Gruppe zusammen. Hier wird zusätzlich zur täglichen Bibellese wöchentlich ein Abschnitt aus dem fortlaufenden Bibelleseplan für Haus- und Bibelkreise aufbereitet. Auf einer Doppelseite bieten kurz gefasste Erklärungen Hintergrundwissen, und die Fragen und Anregungen sorgen für ein lebendiges Gespräch. Die Hauskreis-Edition von Orientierung *möchte dazu beitragen, dass Christen Freude an gemeinsamen Entdeckungen in der Bibel bekommen und sich gegenseitig auf dem Glaubensweg voranbringen.*

Weitere Informationen dazu und zu unseren Bibellese-Zeitschriften für Kinder, junge Leute und Frauen finden Sie im Shop: www.bibellesebund.net.

Noch in dieser Reihe erschienen:

Martin Simon
Das 1. Buch Mose

Best.-Nr. 32565
Geheftet, DIN A5, 128 S.
6,95 €

Martin Simon
Das 2. Buch Mose

Best.-Nr. 32571
Geheftet, DIN A5, 96 S.
5,95 €

Ralf Mühe
Das 4. Buch Mose

Best.-Nr. 32564
Geheftet, DIN A5, 64 S.
4,95 €

Martin Simon
Das Buch Richter

Best.-Nr. 32568
Geheftet, DIN A5, 80 S.
5,95 €

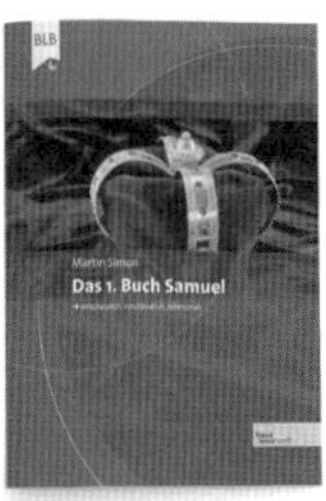

Martin Simon
Das 1. Buch Samuel

Best.-Nr. 32574
Geheftet, DIN A5, 96 S.
5,95 €

Martin Simon
Das 2. Buch Samuel

Best.-Nr. 32575
Geheftet, DIN A5, 80 S.
5,95 €

Jörg Enners
Esra und Nehemia

Best.-Nr. 32578
Geheftet, DIN A5, 80 S.
5,95 €

Ralf Mühe
Das Buch Ester

Best.-Nr. 32567
Geheftet, DIN A5, 64 S.
4,95 €

Ralf Mühe
Das Buch Daniel

Best.-Nr. 32562
Geheftet, DIN A5, 80 S.
5,95 €

Martin Simon
Hosea, Joel und Amos

Best.-Nr. 32577
Geheftet, DIN A5, 80 S.
5,95 €

Ralf Mühe
Das Matthäus-Evangelium
Best.-Nr. 32580
Geheftet, DIN A5, 128 S.
6,95 €

Ralf Mühe
Das Johannes-Evangelium
Best.-Nr. 32572
Geheftet, DIN A5, 128 S.
6,95 €

Ralf Mühe
Der Römerbrief
Best.-Nr. 32566
Geheftet, DIN A5, 112 S.
5,95 €

Ralf Mühe
Der Epheserbrief
Best.-Nr. 32569
Geheftet, DIN A5, 64 S.
4,95 €

Ralf Mühe
Der Brief des Jakobus und der Brief des Judas
Best.-Nr. 32576
Geheftet, DIN A5, 64 S.
4,95 €

Ralf Mühe
Der 1. und 2. Petrusbrief
Best.-Nr. 32573
Geheftet, DIN A5, 64 S.
4,95 €

Ralf Mühe
Die drei Johannesbriefe
Best.-Nr. 32563
Geheftet, DIN A5, 64 S.
4,95 €

Ralf Mühe
Die Offenbarung
Best.-Nr. 32561
Geheftet, DIN A5, 128 S.
6,95 €